PLATON et DESCARTES PASSENT LE BAC

carnet de bord d'une prof de philo

by Hélène Péquignat

法國資深哲學教師的17堂思辨課

柏拉圖和笛卡兒的日常

愛蓮娜・派基納——著

洪夏天——譯

目次

【推薦序】作為一個教師，我是誰？

文／林靜君　台灣高中哲學教育推廣學會副理事長
台北市立南港高中哲學課規劃與教學

在我閱讀這本書的過程中，我和人文實驗班的第一屆畢業生去了趟三天兩夜的旅行。剛放寒假的這群大學新鮮人，話匣子一開不外乎期末考成績、課程選修、系際球類競賽等。我聽著他們七嘴八舌地描述如何熬夜寫報告、交作業，如何奮力拼戰期末考，拿到高分。雖然不忘自爆翹課紀錄來突顯青春的叛逆，但他們的結論幾乎都是：「我的學系與我的期待相去不遠。」、「從來不知道自己會這麼用功，比高中還用功！」、「我選到了適合我的科系，大學讓我有幸福的感覺。」

怎麼會有這麼高比例的學系適切感？簡直比中樂透的機率還低！

S生說：「認識自己，就會在選擇科系的時候坦誠以對。我在寫申請學校所要求的自傳時，更加認識了自己；一直以為旅遊管理是我的志業，但是當我嘗試誠實而不浮誇地舉證時，卻發現自己對旅遊業的熱忱遠遠不及華語教學。原來，我雖然喜歡旅遊，但我所享受的樂趣並不是旅遊企劃，而是與外國人交換語言、分享文化。」

我是誰？我從哪裡來？要往哪裡去？自古希臘以來的哲學家們所嘗試回答的這些問題，至今依舊是每個人的大哉問。對高中生來說尤其如此：（扣掉父母的期待和自己的誤判之後的）我，究竟是誰？

法國資深哲學老師愛蓮娜・派基納（Hélène Péquignat）在她的《柏拉圖和笛卡爾的日常》中示範了一種教學法來幫助學生探索自我：「畫下樹的姿態，同時反思自身的存在。」如果你是一棵樹，會是一棵長成什麼樣子的樹？

如果我們勢必無法逃離已經進行了千年的社會制度，個體能夠在群體中生存卻依舊保有自我的根本之道，就是「做自己」。然而，「做自己」若僅是午夜夢迴時的速效普拿疼，難免會在遭逢更大的挫折時，懷疑自己是否過於任性。唯有透過一系列循序漸進的反思，個體才有可能終將豁然開朗地照見自身存在的本質。

在形上學的範疇裡探討了「存在」之後，倫理學便接著邀請我們忖度自己與他人之間的關係。我對陌生人有義務嗎？我需要向超商服務員道謝嗎？如果他對我的服務已經銀貨兩訖的話？派基納透過「拼碎紙活動」和學生們實際體驗「工作」這個在法國哲學課本裡的重要概念之一。學生們將會在課程回饋中發現有些人能快速找到有效率的方法，有些人擅長苦幹實幹；有些人具有擔任領導者的魅力，有些人寧可接受指揮。接著，他們進一步論辯紙條上各種關於「工作」的詰問。

派基納作為第一線與高中生進行哲思探險的教師，將實際在課堂上操作過的教材與教法集結成書。然而本書並非哲學教科書，而是一本教學現場的觀察與省思筆記。讀者群不限於渴望汲取法國經驗的在職教師；成年人可以在閱讀的過程中檢視過去所受的教育如何影響了現在的自己；學生則可藉此反思教學現場經驗，或許還可以拿去和自己的老師們討論納入課程的可行性！

近幾年，台灣社會終於正視思辨將是未來世界公民的基本素養之一。育才的迫切性引領了教育界積極地以設置科別、融入學科，或以選修、社團等形式將哲學思辨導入教學現場。老師們除了增進哲學專業知識，其實也無須過於焦慮，畢竟，哲學介入教學的重點並非哲學史，而在於「培養問題意識」與「促進思辨素養」。

這本《柏拉圖和笛卡爾的日常》是一塊實用的敲門磚。而我私心更希望教育圈的夥伴們都來仿效愛蓮娜．派基納，把那些珍貴的教學日常、師生對話以及教育心得書寫出來。或許我們也會在過程中更加明白：作為一個教師，我是誰。

【推薦序】柏拉圖和笛卡兒參加法國高中會考

文／洪瑞霞（Lois Hung）旅法作家
禮筑外文書店創立人

法國的高中會考BAC，是一個全國性的考試，滿分20分，平均10分以上算通過，通過的人可以取得文憑，並得以申請大學，沒有通過的人，雖然念了三年高中，卻沒有文憑，也不能進一步申請高等教育相關學校。每個高中生所選修的科目都是考試項目，就連「體育」這個科目也要參加BAC考試。「法文」與「TPE」（註一）在高二學期末應考，而其他科目，則在高三期末應考，包括全世界教育界所矚目的「哲學」。

二〇一二年，我們全家搬回法國。時光飛快，哥哥今年已經高三，即將要考高中會考了。他念的是S-理工組，最沒把握的就是「哲學」這一科。去年九月開始上哲學課，第一個作業題目「追求得不到東西有意義嗎？」，就讓他花超過十小時還無法完成。如果這是哲學會考的題目，那學生必須在四小時之內寫出一篇申論文。對於自己的論述，絕對不只是抒發己見，必須要能引用哲學家的名句或觀點，以有組織的邏輯架構來佐證支持自己的看法。要在規定的時間內寫完文章拿到10分，或許不是太難，但要拿16分以上（某些菁英學校入學要求的最低門檻），除非平常就大量閱讀，否則根本沒有「資料庫」可引用（註二）。

要應對這樣的考試，身為高中哲學老師要如何教課呢？

這本《柏拉圖和笛卡兒的日常》是一位二十五年資深哲學老師的現場教學筆記。用生活化的筆觸，以講故事的敘事方式，把複雜深奧的哲學理論融入學生日常生活當中，透過巧思設計的道具與活動，讓學生對哲學產生興趣，不只是為了應付考試，而是希望培養學生一輩子都受用的邏輯思辨能力。這一篇篇的短文，都是一個個珍貴的教案，雖然作者自認為毫無章法，不足以被當成可採用的教綱，但對很多老師來說，已具有啟發式的參考價值。

比如其中一篇教案，要學生畫一棵代表自己的樹，有的人畫的樹高聳挺直，有的則是枝葉彎曲外擴，老師透過問答方式，引領學生透過自己畫的樹來思考自身的存在；而一群茂密的樹林，每棵樹木競爭有限的土地、空氣與養分，也能帶領學生更大方向地思考社會運作的公平正義等問題。雖然在台灣，高中沒有哲學課，但這些引導學生思考的方式，還是有很大的參考價值；比如高中班導師，第一堂課的自我介紹，就可以來採用書中「畫樹」的方式，讓學生更深刻地認識彼此。中文有很多名言都跟「樹」有關，十年樹木百年樹人、落葉歸根、樹大招風、樹欲靜而風不止等等，相信也能讓老師做相關應用。

思辨能力是台灣學生普遍缺乏的，近年來，有很多專家學者也極力地想在台灣推廣像法國這樣的哲學教育，卻屢屢受挫。事實上，法國的教育體系不止「哲學」這門課，各種科目如法文、歷史、地理、甚至數學、物理、化學等，都是採用類似哲學課程的思辨訓練在教導學生，而且幾乎從「小學」就開始了。任何考試完全沒選擇題，也沒有計算題，只有問答與申論的方式，想要得高分，都必須用好的法文，來做適當的邏輯論述。而這樣的考試，只能採用人工閱卷，對於沒有標準答案的閱卷方式，我們可能會覺得「不公平」、「太主觀」，想要台灣學子有自主思考能力，卻只能接受「選擇題」的公平測驗方式，這中間充滿了些許矛盾。透過一位法國高中老師的教學筆記，書中的小故事提供了另一種教育觀點，讓重視教育的台灣家長能重新思考推動教改的方式。當然，讀者若對哲學有興趣，卻不想一下就跌入深奧的理論世界、也不想記一大堆名言佳句，這也是一本很不錯的入門書。

註一：TPE（Travaux Personnels Encadrés）是一種團隊合作的考試，由 2~4 名學生做一個專案，小組繳交書面報告後，由老師進行口試取得 BAC 成績。

註二：馬克宏總統上任後，對高中會考進行大幅度的改革，新的 BAC 制度將於二〇二一開始施行。其中，「哲學」仍是必考科目，但將改以三十分鐘的口試進行。

【推薦序】
每個人都需要一個引導思考的哲學老師

文／褚士瑩 國際NGO工作者、知名作家

樹的形狀

我永遠不會忘記那一天，我的法國哲學老師奧斯卡伯尼菲，要我們到他在勃肯地老家鄉下的院子裡，圍坐在樹底下，看著頭頂上鬱鬱蔥蔥的大樹。

「你看到樹的形狀嗎？」奧斯卡問我們。

「當然看到了。」我們說。

「你看到的是樹本身的形狀，還是枝葉的形狀？」

「如果這樣說的話，應該是枝葉的形狀。」有一位跟奧斯卡很久的法國學生奧黛莉這麼說。

「所以你們有看到樹本身的形狀嗎？」

「沒有。」我們本來都以為自己看到樹了，現在卻都搖頭。

「所以，你們覺得『樹』的中心概念是什麼？是樹幹，還是葉子？」

「應該是樹幹。」我們很快達成一致同意。

然後奧斯卡把我們聚集起來，說：

「這就是為什麼我喜歡冬天，因為冬天所有的葉子都掉落了，你才能看到樹的骨骸，那才是真正的形狀。但是大多數人都不喜歡看到真實的骨骸，寧可看到一大團雲霧，寧可被一堆樹葉卡住，你就失去了視角，看不到事務的純粹性。」

「如果那才是真正的樹本身，為什麼很多人不喜歡看到冬天光禿禿的樹呢？」我問。

「或許是因為，我們不喜歡看到本質。」奧斯卡說。

本質讓我們不愉快，我可以理解。就像赤裸站在鏡子前面的自己，往往讓人生厭，但是用很多的衣服跟配件來修身，用化妝跟髮型來美化、掩飾，甚至拿個昂貴的學位或是鉑金包來烘托自己，然後才喜歡這樣的自己，但是那個被重重煙霧包裹起來的人，真的還是自己嗎？

至於奧斯卡為什麼要我們去看樹光禿禿的本質呢？我想是因為他要我去理解「思

考」這棵樹，就只應該很純粹地從樹本身的形態（form）還有結構（structure）去理解，不需要枝繁葉茂，也不用五彩燈泡妝點，所以要把一切的修辭通通拿掉，這是為什麼奧斯卡堅持，一段精準的表達，根本不需要超過十個字。

哲學來自生活

想到這段往事，是在讀一位法國作者愛蓮娜．派基納（Hélène Péquignat）在她的《柏拉圖和笛卡兒的日常：法國資深哲學教師的17堂思辨課》當中，有一章是「森林裡的哲思」，提到自己童年時，父親騎摩托車撞到梧桐樹，出了一場嚴重車禍、昏迷不醒，變成她成長記憶當中的陰影，也不知不覺帶領她走向哲學之路。除了幫助學生認識哲學來自於日常生活，也從這段往事帶出當代哲學家羅伯特．杜瑪（Robert Dumas）在《樹之論》裡所說，樹有別於萬事萬物，是我們日常生活一切象徵的中心，是各種符號當中最重要且獨特的符號。

愛蓮娜在他的高中哲學課堂上，讓學生們去畫樹，想像自己成了一棵樹的姿態，尋找這棵樹繁多的瘤結，樹形參天無際，枝繁葉茂，結實累累，卻也別忘了樹根深入地表，與草木拉扯，有其脆弱之處，更別說稍縱即逝的花期，以及一陣酷寒霜降或一場暴雨就會讓樹葉凋零，消逝、重生、焦急與等待。

一個好的哲學老師，無論是法國的奧斯卡還是愛蓮娜，是現代的杜瑪還是古代的蘇格拉底，也無論這棵樹是法國的梧桐樹還是印尼雨林的椰子樹，最重要的，都是能夠引導一個學習思考的學生，集中精神問自己：「我是誰？」這個哲學上的大哉問。

學習用樹思考

這樣的思考教學，不像有方程式的化學，也不像有公式的數學，每個老師都有不同的引導方式，而接受同樣引導的學生，每個人都會有著不同的闡釋，沒有標準答案，不代表哲學老師「隨便教」，或是學生可以「隨便想」。

在法國每個高中生都必須學習哲學思考，但是並不代表他們必須成為哲學家，可貴的是，一個學會思考的人，無論未來成為任何領域的專家，都會用哲學來回答專業領域的問題。比如寫《樹之歌：生物學家對宇宙萬物的哲學思索（The Songs of Trees: Stories from Nature's Great Connectors）》的生物學家大衛．喬治．哈思克，同時像詩人，更像哲學家，介紹分布三大洋五大洲十二棵樹的故事，每一棵樹都像小說人物一樣是一個章節的主角。哈思克訴說著他如何反覆拜訪，如何仔細聆聽來自樹木或包圍樹木的聲音，從樹冠到根部，從樹木到昆蟲、動物到細菌的群落，到海洋和星空，人類的戰爭與信仰、政治經濟的演變與生態危機、從冰河時期的種子化石展望地球未來的命運，哈思克最終要告訴我們的，並不僅僅是生物學，而是生命。生命是一張龐大精密的網，樹木跟人類，都隸屬這複雜的生命網絡當中，從來並不孤立存在，而且重點從不在於個體，而在於彼此的「關係」。

我可以想像，哈思克在成長的過程當中，一定也有一個像是愛蓮娜、或是奧斯卡，笛卡兒或是蘇格拉底，這樣很棒的哲學老師，引導他透過成為生物學家，思索「我是誰？」這個問題。

我的猜測是，哈思克的哲學老師是柏拉圖，因為他說植物的溝通過程雖然比人類的神經系統緩慢，亦沒有腦部為中樞，但是植物的細胞有著各種賀爾蒙、蛋白質和訊息傳遞分子，彼此合作，感知周遭變化、並且做出回應，比如樹根會藉由土壤傳送出化學訊息給細菌的 DNA，與鄰近的蕈類與細菌溝通。小樹枝擁有對光線、重量、熱度以及礦物質的記憶。葉子裡的植物細胞會釋放出飄散於空氣中的氣味，引來愛吃毛毛蟲的昆蟲。葉子能和昆蟲交換化學訊號，寄生的真菌也能接收來自樹木的訊息，它們形成一個敏捷的網絡，能偵測威脅，並耐受極端氣溫。所以植物的「思考」是分散式的，發生於枝葉與根部的細胞之間，和土壤、天空以及成千上萬個其他物種連結，這是為什麼哈思克形容樹木是生物界的柏拉圖，進行其獨有的《對話錄》。

以自然為師

就像哈思克以樹為師，被評為全美國最優秀的十個研究所之一的美國獨立非營利組織 Santa fe 研究所，成果也來自一群各種領域的科學家，經濟學家，物理學家，傾聽自然界中許許多多的複雜系統，像是蟻群、生態、胚胎、神經網絡、人體免疫系統，在每種情況下，這些無窮無盡的相互作用，使每個複雜系統作為一個整體，產生了自發性的組織相互作用，美國霍蘭（John Holland）教授把這套系統變成孕育出「複雜適應系統（Complex Adaptive System，又稱 CAS 理論）」，這套理論把系統中的成員稱為具有適應性的主體（Adaptive Agent），主體能夠與環境以及其他主體進行交互作用，不斷地學習或積累經驗，並且根據學到的經驗改變自身的結構和行為方式。

這個宏觀系統，具有其他理論所沒有的功能，無論是螞蟻窩還是證券交易系統，不斷演變或進化，分化，出現多樣性，產生新層次、聚合出更大的主體，都是在這個基礎上逐步派生出來的，所以提供了處理電腦網絡、全球經濟系統、模擬生態、社會、經濟、管理、軍事等複雜系統的巨大潛力，對於人們認識、理解、控制、管理複雜系統，提供了新的思路。

霍蘭教授將科學推理與哲學思辨相結合，認為環境是演化的，無論人類或機器都應該從環境中學習，我也忍不住想著，能夠貫穿思考體系的霍蘭教授，小時候的哲學啟蒙老師，是一個什麼樣子的人？

這個世界上，或許沒有太多人會成為哲學家，但是我相信為了學會獨立思考，認識「我是誰？」，生命又是怎麼一回事？每個人都需要一個引導思考的哲學老師。你找到你的愛蓮娜，或是蘇格拉底了嗎？

【作者序】

退幾步，瞧瞧不一樣的風景

二十五年，在時空長河裡宛若滄海一粟。以教育界來說，恐怕微不足道。雖看似短暫，但以人的一生來說，二十五年也是段悠長的時光。我的教學生涯並不精采，我並不是學識過人的師範大學畢業生，也沒有以耀眼成績通過教師資格考。事實上，要在那些入學競試中取得好成績，並不用具備靈敏的思考能力，因此我早就把那些競試要求置於腦後。我的運氣不好不壞，既沒在龍蛇混雜的市郊教書，也不曾教育國家未來的菁英階層。這本書裡沒有驚天駭地的場面，也無意心懷怨懟地揭發陰暗面，我也不打算宣揚崇高的道德或英雄節操，只想分享教學日常的幾個片段。

那我的教學日常是什麼呢？假設「平凡」二字有標準的話，我可以說，我就是面對一群極為平凡或近乎平凡的學生。所謂平凡，指的是他們仰賴可口可樂和電玩維生，手機簡直成了身體的一部分。他們還是電視頻道轉台高手，享受即時的快感，用各種圖像與連續動作影像來填塞自己。他們穿著像宣傳招牌的T恤，想靠那些不起眼的首飾來突顯自己的獨特，卻掩飾不了生澀。他們大半個性善良，有時過度天真、容易上當，甚至冷漠麻木。儘管他們對長大成人充滿焦慮，卻寧願躲進休閒娛樂的溫柔鄉，不想認識周圍的世界，因為那是大人的責任。

但一說到延長作業期限或爭取好處，他們就搖身一變成了談判大師。有時，他們拒絕相信自己無法說服老師讓步。我想起和一位學生談到未來職涯的場景；雖然這位少年平常在課堂上總是興趣缺缺、了無生氣的樣子，除了坐在課椅上外什麼也不做，但他卻打算不惜任何代價要去考取消防員資格。我衡量他的學業成績和資格考的難度，建議他不妨想個替代方案以備萬一。

他反而振振有詞地回答：「目前為止，我想要的一切，都能順利得到……」（故本題得證：我一定會考上消防員。）

後來，這位名叫傑荷姆的學生並沒有通過高中畢業會考，也無法取得高中畢業文憑。其實，不需要具備超能力，也能想見這樣的結果。雖然如此，我衷心希望他能堅持下去，實現自己的夢想。

而身為老師，我們的工作就是不管好壞都要陪伴像傑荷姆這樣的學生踏進文化知識的奧祕殿堂——儘管總是遇上各種困難壞事的時候居多。講好聽一點是學生的興趣廣泛，事實上是專注力過於分散，他們對文化的理解多半來自眼花撩亂的廣告。學校立下很有野心的教學計畫，但有時不切實際。學生的語言和邏輯水準低落，學習態度時時刻刻變化萬千、難以捉摸，上一節課發生的事就會影響這一堂的上課興致，心情甚至隨天氣而陰晴不定。

這些錯綜複雜的因素譜成一曲歡樂而嘈雜的樂曲。雖然這一切讓身為老師的我們頭痛不已。即使最熱忱積極的老師，也沒有受過足夠的訓練來完成這一場眉角繁多、危機四伏的教學馬拉松，難以成功解決各種衝突。因此，我們每週都得在課堂上結合專業與毅力，更重要的是發揮創意與應變能力，讓每一天都變得繽紛有趣。

隨著學期變換，在冬天日光幽微的課堂上，我們也有身心俱疲而乾脆放任學生的時候。儘管我們苦口婆心地耳提面命，但學生老是充耳不聞，甚少認真照做，有時不禁覺得自己根本是對牛彈琴，費盡苦心但徒勞無功。我們一會兒憤怒咒罵，一會兒又反覆思索，會因為說不動這些冥頑不靈的學生而灰心喪志。我們也會時時懷疑自己，懷疑教學方法的效用，懷疑上課內容是否不夠實際，甚至懷疑教育制度本身。站上講台，我們每一年都重複做著一樣的事，只想或多或少引領眼前這群美好的靈魂長大成人，走上展現自我的康莊大道。我將自身經驗與省思集結成書，謙卑地獻給所有曾在教學路上與我錯肩而過的人們，希望本書能對渴望獲得啟發的人多少有點幫助。

你們將會瞭解，這只是一本教學現場的筆記，沒有其他雄心壯志，只想呈現一種觀點。我希望透過有趣的角度，來揭露我認為在教師生涯中十分重要的部分。它來自我的教學經驗、我與其他師生間的對話，以及我多年來的閱讀心得。我承認本書有點雜亂無章。如果有人願意把本書提到的教學方法，自行依學生年紀和教學科目調整並應用到課堂上，那我會非常開心。想必有些讀者會覺得本書架構鬆散，不夠清晰詳細，根本無法用來設計一整年的課程。不過，這原本就不是我的用意，我希望讀者能夠根據本身需求和現實狀況，隨意翻閱本書，擷取其中實用片段來活用於教學中。

謹以此書獻給葛格瑞，瑪欣和克麗絲朵，他們的行止、多話和消極的反抗總一直挑戰我的耐性。獻給吉安、傑德和比諾，感謝他們的專注眼神，總讓我下定決心再接再勵。獻給奧芮、瑪歌和瑪麗，她們總是謹慎沉靜又關懷無悔地陪伴我。獻給瓦其和瑪琳，他們個性特異且滿懷熱忱。獻給弗德列克，他一心想當個叛逆小子，卻不大敬業。獻給安東，他對論文不大上手，但能順手地彈著吉他。獻給所有的人，希望你們一路順風，走向美好的明天，在此致上我所有的感謝。

1
輕型摩托車事件
Une affaire de mobylette

那一年，我剛滿九歲。我完全不記得那一年的生日禮物是什麼，也許我收到了幾本書或一雙滑輪鞋吧。許多事、人想記也記不住，但有些事物卻會留下不可抹滅的印記。

當我還是青澀的哲學新手，有輛輕型摩托車在我心中佔了一席之地，雖然當時我並不知道。那台橘色的摩托車載著我，引領我有意識地提出人生第一個「嚴肅哲學問題」。在此之前，想必我也曾遭遇其他引發內心深處疑問的種種事件，只是那些如影隨形的疑問就像一段聽來含糊不清的低沉樂音。雖然我說「摩托車載著我」，但這其實不太準確。事實上，我父親才是騎著摩托車、操縱方向的那個人。我爸爸幾乎每天都騎著這輛摩托車上下班。但那一天卻出人意料地發生了意外。一名粗心的駕駛人打算往右轉，但忘了打方向燈。而快到家的父親一時疏忽大意，就這樣騎著摩托車正中紅心——喔不，是正中一棵梧桐樹。

沒有人拍下那天旋地轉的幾秒鐘，我也記不清後來發生了什麼事，只知道警察來到我家門口，向家人通報這場意外車禍。我的父親在生死兩界徘徊不定，好幾天過去了，又過了好幾個星期，但那些日子的記憶如同一團迷霧，我已無法釐清。終於，父親慢慢露出一線生機。我的母親想必撐起了整個家，好讓我們如常生活。除了工作外，她還得在醫院和家裡來回奔波。在四個孩子面前，她堅強地同時扮演父母的角色，擔起雙份責任；然而，她從未如此孤單無助過。她必須獨自面對內心的憂慮恐懼、絕望時刻和對那名粗心肇事駕駛的憤怒——至今我們仍無法證明他的罪責。而我的父親只能靠著自己，一步一步在生死中搏鬥掙扎，終於慢慢回復意識，並恢復一點點行動能力。

直到父親已經沒有立即生命危險後，母親才准許我們去醫院探訪。我的父親，那個早上跟我道別後，跨上摩托車出門上班、即將滿四十歲的爸爸，已經消失得無影無蹤。現在，我眼前躺著一個身受重傷的虛弱男子，臥病在床無法動彈。雖然如此，他盡力表現出神清氣爽的樣子。

我想那場會面很短暫，因為病房裡還住了許多病患，都是父親入院後、我尚未到醫院探訪的那段時期，附近發生的那一場重大傷亡遊覽車事故的傷患。在此之前，也許我也曾去醫院探病過，但我的記憶恐怕認為遺忘這些事對我比較好，因此我沒什麼印象。

但那一天，看著父親病房裡其他包裹著石膏、腦震盪的傷患，我不禁驚慌失措。我的心思忽上忽下地不斷糾結，一方面想見爸爸，一方面又不禁懷疑，眼前這個男人，真的是我熟悉的爸爸嗎？同時又想盡快逃離這個滿是重傷病患的詭異地方。當母親表示時間到了，我們該準備回家時，我忍不住鬆了口氣。然而，那輛和雄偉的梧桐樹有過一面之緣且因此受創慘重的摩托車，就在此時狠狠撞上我的胸口——無法和家人一起回家的父親出乎母親意料地落下淚來。母親趕緊把我們推出房外，要我們在走廊裡稍待一會兒。想必後來母親跟父親說了不少安慰打氣的話，並保證很快就會再帶我們來看他。

無庸置疑，父親眼中的那幾滴眼淚並不是什麼驚天動地的大事，只是一時軟弱外加身心俱疲，擔心自己無法早日康復而落下的淚水。但是，那是我生平第一次看見父親的眼淚。那一個身材又高又壯、有時脾氣暴躁、正義凜然的父親，怎麼會就此被擊倒？在此之前，我從沒想過父親也有軟弱的一面。

我相信，我就這樣坐上了那輛輕型摩托車的後座，踏上哲學之路。在智慧之道上，人們無法自由選擇搭乘什麼樣的交通工具，大部分的時候，人們根本不會問自己這些問題。但，人生的難題總是莽撞地橫亙在你眼前，令你進退不得。不管你願不願意接受，它們並不在乎。你只能拿起登山杖，在這條朝聖之路上披荊斬棘，順從自己的宿命。

過去二十年來，神經系統科學☆1的發展日新月異，我們發現人類的記憶隨時都在重建，而且比我們想像得更不可靠。只要看看美國心理學家伊莉莎白・羅芙特斯（Elizabeth Loftus）的著作《記憶 vs. 創憶：尋找迷失的真相》（*Le Syndrome des faux souvenirs*），或者閱讀近來克里斯多佛・查布利斯（Christopher Chabris）和丹尼爾・西蒙斯（Daniel simons）的著作《為什麼你沒看見大猩猩？》（*Le Gorille invisible*）中的幾項有趣實驗，我們就不得不承認人類的記憶錯誤百出。因此我前面提到的這段回憶，也許隨著時間流轉，早在我腦中起了變化。也許我後來經歷的人生，讓我更加明白當時所體會到的一切。不過，我很確定父親當時的確落下淚水，那不是我的想像。

當年的我，毫不費力就忘了那次探訪父親的事。而父親也漸漸康復了，沒有留下太嚴重的後遺症。當然，在無憂無慮的童年時期，有太多事情更需要我全心投入，比如和朋友踢足球、騎單車、和兄弟姐妹拌嘴吵架、期待聖誕禮物。也許我的兄弟姐妹也把這段令人難受的回憶拋在腦後，但即使我不願回憶，我的記憶卻不願放下這段過去。我們手足之間從沒提起過那次探病的事。

這段記憶到底有多清晰真實，其實不是那麼重要。但當下我所體會到的不安，一種世界正在崩塌、瘋狂失序的混亂感，不但讓我迷失方向，同時迫使我刻不容緩地重新思考人生的規則定律。當懷疑狠狠地迎頭重擊，逼得你立刻質疑過去視為理所當然、架構日常生活的一切時，你不禁頭暈目眩。

當時的我當然並不知道，在哲學之道上，從古希臘的懷疑論者到法國的笛卡兒，疑問一直形影不離。當時最讓我印象深刻的就是這種一切已知在眼前灰飛煙滅的感覺，後來多次回想起來仍歷歷在目，成了我人生的轉捩點。老實說，日後我不經意回想起這件事之前的點點滴滴，但從沒有一件事像這次事件一樣，如此突然又震懾人心，把自我意識推向極限，就像閃電一樣令我眼花撩亂且措手不及。從某個角度來說，那一刻，時間彷彿從此靜止，宛如永恆。儘管長久以來，我假裝自己早已忘了那輛摩托車，事實上我一直都坐在它的後座上，不曾離開。

直到執教數年之後，我才有勇氣在這些我負有教育責任的莘莘學子面前，提起這段看似無關緊要，但對我來說意義深遠的過去。加爾．雷納德（Garr Reynolds）是一名在日本工作的美國人，他建議演說者應該拋下面具。雖然這違背了一般大學裡的哲學教育準則，但深深啟發了我，讓我決心採納他的建議。從日本傳統獲得靈感的雷納德在《裸裎相見》（*La Présentation mise à nu*）一書中，宣稱演說者必須甘冒風險，勇敢展露自己脆弱的一面，才能與聽眾共譜一場真誠的對話。我們必須做自己，保持簡單明白而坦誠的態度，滿懷熱忱，向聽眾展露真實人生中，身為凡人的你我，遭逢苦難時的軟弱樣貌。雷納德像是這個數位時代的蘇格拉底，他也再次提醒我，就像安東尼．達馬吉歐（Antonio Damasio）☆2在著作中解釋過一樣，他認為笛卡兒錯誤地堅信人類的理性思考與感情和肢體感官之間不甚相關。

因為人類必須仰賴身體器官才能思考，我們是一具具同時思想和行動的肉體，而不是超脫於紛亂的感情與感受之外的純粹靈體。對我來說，真誠地面對學生、對他們投入感情、為他們設想才是教育者應該具備的態度，而不該故作冷淡，好像事不關己。然而，我經常順從哲學教育準則明示暗示的要求，避免展露個人情感或使用情緒化的言詞，以求帶領最有潛能和熱忱的學生一同忘掉那些日常生活中的瑣碎小事，極速飛往心靈的高空，追隨柏拉圖的腳步，迎向美好的思想之巔。

那時，我忘卻了最根本的事理。當潛伏四周的種種疑問打破現實表象，我假裝自己能夠把碎片重新拼接黏合，不留一點痕跡。在學生面前，我小心翼翼地把自己的傷口藏在一角，寧願冒著風險，當個口是心非的偽君子。在這種情況下，我怎能責備他們不願意面對「真實」呢？當我沒有準備好以身作則，真誠以待時，我又怎能責怪他們不真心投入呢？

當我勇敢放下執著，有限度的放手一搏，反而獲得更多。自此之後，我決定多花幾堂課，加重基礎哲學的介紹，同時謹記必須公平對待這些坐在我面前、準備修習一年哲學課的學生。也就是說，我邀請學生們踏入我的世界，瞭解什麼事件激發了我的哲學生涯。我不再假裝，大方敞開心房，並不是因為自戀或自我中心，而是藉由展露真實的自我，讓那些有意願的學生，有機會以我為榜樣，一起探索自己的內心。

至今，我已根據當下情境，透過各種方法來實現我的教學理想。面對新的學年，我就像一名駕馭飛機的機長，在行李艙裡載上幾棵樹和柏拉圖的洞穴寓言；或者也可以說我像一名運動教練，帶領來自五湖四海的隊員。或當旋轉門發明家提歐菲利斯・范・卡諾（Théophilus Van Kannel）的熱情擁護者，瞧瞧他的發明造福多少購物中心。提到門，我真心感謝羅傑—波爾・德洛瓦（Roger- Pol Droit）[☆3]大師既巧妙又精準的譬喻，以及他妙筆生花且鞭辟入裡的著作。

每學年的第一堂課，我都全副武裝上場。我的裝備五花八門但很容易收集，雖然有時難免大又重得驚人；其中包括了各種隨手可得的大小物品，只要它們脫離了平常常見的位置、放在教室裡，就能夠產生一種令人瞠目結舌的效果，讓大感意外的學生好奇地盯著它，此時我就能善加利用學生的注意力開講。

比方說今年的課程，我的小手提箱（目前是一只塑膠箱子）裡裝了一隻落單的襪子、一卷捲筒衛生紙、一片西班牙文的 DVD、一個以龍為造型的 USB 隨身碟、一個絨毛布偶、一只咖啡杯、一個抱枕、一個裝了一些以神經元為造型的小玩偶的透明塑膠盒、一罐菜豆、一條浴巾、一塊貓頭鷹形狀的橡皮擦，還有一頂假髮。除此之外，由於我延用去年的教室，再加上多次進行合作活動時，獲得許多慷慨的捐贈品，如一張上南下北的世界地圖（可從「天主教防止饑餓與促進發展委員會」購得）；一個為左撇子設計的獨特時鐘，時針、分針都反著走，上面的刻度數字當然也反時鐘排列。

很久以前，第歐根尼·拉爾斯（Diogène Laërce）在《哲人言行錄》（*Vies, doctrines et sentences des philosophes illustres*）一書中提到一段著名的第歐根尼[★1]軼事：「有個人想向第歐根尼修習哲學，第歐根尼請這個人手上拽著一尾鯡魚跟著他逛大街。這個人覺得很丟臉，拋下鯡魚就走了。後來第歐根尼又遇到他，第歐根尼笑著說：『一尾鯡魚就足以毀掉我們的友情。』」雖然我手上沒有鯡魚，但我依樣畫葫蘆地想出一句座右銘：荒謬滑稽的行止不會害死你。戴上一頂白色假髮、拿著一串鑰匙敲著一罐菜豆來打拍子，這些和拽著一尾鯡魚走在路上比起來，也沒比較正經。正如阿爾方斯·阿萊（Alphonse Allais）[★2]說的，從來不笑的人也不見得就是認真嚴肅的人。

不管別人乍看之下會如何想，我的教學目標十分明確。因為我知道最便捷的直線道路通常不是令人驚艷的最佳途徑，也不會喚醒我們內在或強或弱，不時於日常中所經歷到與現實分裂的詭異感受。

我們習於麻木無感地穿梭在一個個微型世界中，心中對世界既定的認知讓我們大多數的時間裡，早已不再自問人在天地之間扮演何種角色，該如何把握人生。當突然的笑聲或奇特事物迫使我們退後幾步，換個角度時，我們才能重新審視早已習以為常的生活、人生選擇與境遇，並提出質疑。當然，老師必須隨侍在旁，適時引導。

這一堂課到此結束。我面前的學生們露出困惑的表情，想得出神。這一切都歸功於我的父親，幸好我坐在摩托車的後座，從未迷失了方向。謝謝你，爸爸。

☆1作者註：神經系統科學的相關資料繁多，可藉由網站「大腦介紹：從初階到進階」(*http://lecerveau.mcgill.ca/*) 來入門。此網站上列有豐富且難度多元的內容，適合不同背景、需求的讀者。

☆2作者註：安東尼・達馬吉歐著有《笛卡兒的錯誤》(*L'Erreur de Descartes*) 一書。作者為心理學、神經科學與神經學領域的教授，在近年進行了一項極為仔細的神經學研究，試圖揭露理性的正確功能（此處指的是適當且有效的功能）其實仰賴情緒與感官感受。反過來講，欠缺情緒，就無法讓大腦處於最佳狀態，發揮最佳效用，許多官能障礙的病人身上都有相關實例。

☆3作者註：羅傑─波爾・德洛瓦著有《朋友間的小小哲學日常》(*Petites Expériences de philosophie entre amis*)，以及主旨相近的《拔一根頭髮，在幻想的森林中漫步── 101個哲學的日常體驗》(*101 Expériences de philosophie quotidienne*)。雖然有些人批評他趁著一波哲學熱潮而佔盡商機，但我認為他的作品能為讀者帶來「混亂感」，藉此促進思考，重新點燃哲思之路不可或缺的那把「驚異」之火。他的著作短暫擾亂了我們習以為常的生活，引領我們在一場意外偶遇間佇足。

★1譯註：此位第歐根尼指的是約412BC-324BC，犬儒派史祖的哲學家。和此書作者第歐根尼・拉爾斯不同人。

★2譯註：法國作家與幽默演員。

2

森林裡的哲思

Philosophie sylvestre

「樹之生正如哲之思。」是作家羅伯特・杜瑪（Robert Dumas）在著作《樹之論》（*Traité de l'arbre*）中寫的☆4。這位當代哲學家認為樹有別於萬事萬物，是我們日常生活一切象徵的中心，是各種符號中最重要且最獨特的符號。人類虧欠樹木很多，人與樹都是獨一無二的個體，彼此之間既親密又遙遠。經歷父親與梧桐樹的那場親密接觸後，在我混亂的童年時期，我本該怨恨肇事的那棵梧桐樹和它的親朋好友。不過，在閱讀杜瑪的書之前，我早已對植物世界敞開心房。花朵綻放時的完美花冠，斑斕活潑的色彩和多變的形狀，還有那稍縱即逝的花期與柔弱體質，一陣酷寒霜降或一場暴雨就會使之凋零。這一切，都讓我著迷留戀。土壤，消逝，重生，焦急與等待，期待生命茁壯，直到盛開的那一刻。在摩托車事件之前，草木花朵早已擁抱我。即使那株梧桐樹，面對迎面撞來的父親，不知怎麼當個保護緩衝墊，我也不會因此對它們心懷怨恨。

森林本身就是高雅的存在，它們似乎凝止不動，沉靜安詳。若我們認為動物是人的親戚，比樹木更接近人類，那是因為我們很少用心聆聽。當我決定開始提筆學習怎麼描繪植物時，我相信自己更清晰地聽見草木的絮語。

而樹木接納了我的邀請，成為我不可或缺的教學助手。我經常請它們加入我的課堂，當我們的良伴。畫呀，畫呀，想像自己成了一棵樹，想像這棵樹的姿態，尋找它的根，它的脆弱之處。畫下它那瘤結繁多、粗糙壯碩、看盡滄桑苦難的樹幹。畫下它的枝枝蔓蔓，那些密密雜雜的細枝，稀稀疏疏的葉片，羞怯或飽滿的果實。畫下它的參天無際，畫下它的根深入土。畫下在天與地間拉扯的草木，可以用寫實的筆觸，亦可天馬行空，恣意幻想。當我們一筆一畫地描繪樹木，思緒在繁枝間徘徊，我們集中精神並自問：

「我是誰？我是我，一個名字，一個人類，一個有意識的人。我存在，我也不斷蛻變，在錯誤中成長。我有七情六慾，具備知識，我隨著社會架構與家庭背景而行動。我同時也是一個自我質疑的個體：我那麼複雜，我該如何定義自己？恐怕花上一輩子也解釋不清！我的外表下藏了什麼？我的外表是不是一副盔甲？外表是否或多或少地揭示我的內在世界？不管如何，我時常覺得自己是一個充滿矛盾的個體，我最瞭解自己，但我又對自己一知半解。我是一切，但我也什麼都不是。我珍惜當下但又害怕時間的流逝。我有根，但我又自覺漂泊不定。我一會兒嚴格自律，一會兒違抗叛逆。我既孤僻又外向，既實際又愛幻想。我很堅強，同時也很脆弱。我充滿了恐懼，但也胸懷勇氣。

「這一切在我的內心拉扯，有時我渴望成為別人，或者乾脆成為別人想要的樣子。但其他人真的瞭解我，熟知我的一切嗎？而我呢？我是否比別人都更瞭解自己？更懂得如何表達我是誰？」（本文由高三理組學生共同創作而成。）

畫下樹的姿態，同時反思自身的存在，這在未來的「園藝哲學家」心中帶來各種大異其趣但又貼切主題的收穫。

比方，安娜史塔西寫下：「當我思考自己是誰，我一時啞口無言。我本想說：『我就是我。』但我到底是誰？一想到自己居然不知怎麼回答這個問題，我就覺得像個笨蛋。當然，我可以用一連串的形容詞來定義自己，但那些辭彙不會讓我成為與眾不同的人，無法突顯我的獨特之處。最後，只留下成串的問題，我覺得很羞愧、很蠢：『人怎麼會不知道自己是誰呢？』」

莫朵從另一個角度切入，寫道：「我自問，別人是否不會比我自己更瞭解我。為了認識自己，我和別人相比較，試著跳脫自身，假裝自己是身邊的朋友：『如果我是我的朋友，我會如何看待我這個人呢？』」

索蘭則表示：「我什麼也不知道，我的腦子一片混亂。我覺得很不舒服，渾身發熱。不該有這沒來由的壓力，但我無法控制自己的身體和心情，我無法控制自己！」

我們無意藉由分析畫作來進行一場充滿假想且十分危險的臨床心理學探索，而是把作畫當作自我表達的管道。有些學生畫出令人驚奇、充滿創意與美感的作品，但我重視的是，以現象學的角度來看待圖像，也就是說，藉由繪畫來體驗自己的內心世界，一邊畫一邊思考：「當我要畫一棵代表自我的樹時，我畫了什麼？我認為自己到底是什麼？同時我有什麼感受？」

當我們面對與人相關的議題時（例如：自由、幸福、正義……等），我們或多或少、直接或間接地以自身認知與經驗為出發點來探討，因為我們本身就是人類的一分子。因此，當我們以自身經驗為起點時，就可以小心觀察內心認知運作的方式。當我們談及自身經驗，務必謹記切勿過度自我投射，也不可急於批判，但仍以第一人稱來表達，且不時跳脫自身，像一個分身，嚴密觀察自己「正在做什麼、說什麼」。

透過這種方法，我們會發現人與草木多麼相似。我經常請學生做這項練習，而他們的表現總是令我驚喜。學生的思路清晰又富有創意，用心觀察每一張畫紙上，各種草木的形狀、色彩、象徵意涵。這一群因為偶然而齊聚一堂，將共度一學年的學生們，經過幾個月的相處，畫出各有特色、大不相同的樹木，形成一座挺立於同一片土壤上而姿態迥異的樹林。而考完高中畢業考後，他們也將連根拔起，各自前往不同的城市國度，尋找一片肥沃土地，長大茁壯。一棵棕櫚樹緊挨著一棵冷杉，另一棵蘋果樹和楓樹相依偎，季節變換更迭，各形各色的樹葉聚集成蔭，隨風擺動，窸窣作響。有些失根的樹木在空中飄盪，顯得單薄脆弱。有些樹的樹幹傷痕累累，枝葉雜亂，留下修改重畫的痕跡。驚惶害怕的灌木有的躲在一角，有的佔滿整張白紙，急於擴展領地，好暫時排解內心的恐懼。

有趣的是，繪畫是一種獨特的概念化過程，能更準確地呈現內心世界。當我們把自己當作繪畫的主題，以富有寓意的方式呈現自我，也同時引領你以高處俯視自己，這一切都呈現了自我的二重性。這紙上的枝葉扶疏間，藏著作畫者的文字話語，夢想渴望，痛苦的分歧矛盾。這一切都是繪畫悄悄為我們帶來的禮物。

在五彩繽紛的植物世界裡，我們必須創造思想與對話的小徑，追隨現代亞里斯多德長征的腳步，正如卡爾．雅斯培（Karl Jaspers）寫的：「哲學，就是起而行。」

因此我們用大家想像所畫出的樹木，在教室裡創造一片森林。我們搬動桌椅，拼成一座座小島，在桌上隨機擺放一幅幅畫作。雖然學生平時不一定會用心傾聽彼此的話語，但此時他們在一座座小樹林間遊蕩漫步，欣賞彼此的創作，觀察其中的細節。他們發現一幅畫裡原來蘊藏了那麼豐富的意涵。最後，我們來到這場漫步的終點。此時，樹木們（不如說畫家們）可以自行變換位置，選擇一個它們想要落地生根的地方——也就是說，讓學生依據交情深淺而搬動桌椅相互聚集。有時候他們會靠得太密太近而忘了現實問題，忘了在茂密森林中緊緊相連的樹木其實必須彼此競逐珍貴的陽光。這恰巧呼應了康德的知名論文《在世界公民觀點下的普遍歷史之理念》（*l'Idée d'une Histoire universelle d'un point de vue cosmopolitique*），他把人比作樹木，解釋人性中的矛盾：

「就像森林中的樹一樣，正因為每棵樹都設法奪取其他樹的空氣和陽光，迫使彼此向上方尋求空氣和陽光，且因此得以漂亮而挺直地生長；而生長在空曠之處，可自由隨意伸展的樹木，它們的枝椏卻變殘缺、歪斜而彎曲。所有裝點人的文化和藝術、最美好的社會秩序均是非社會性的成果——這種非社會性由於自我強制而約束自己，且透過強迫手段才能盡情發展自然的根芽。」

如果有機會的話，我們也可以一起走入真正的樹林間，繼續這場實驗。在林間小徑，大家一起觀察、形容，選擇一棵和自己最像的樹。若人不再注意周圍具體環境，又怎能表達抽象概念呢？

有時，我們的植物之旅更進一步，師生們一起挽起袖子和小學生合作，大家同心協力建造一座花園。這場身體力行的「鶴嘴鋤式哲學（Philosophie a coups de piochon）」，可說是尼采「鐵鎚風哲學★[3]」的變化版。日新月異的科技總佔據我們的注意力，不妨在此時回想一下，農業對文化發展多麼重要。

盧梭曾說：「作物仰賴種植栽培，人心需靠教育陶冶。」翻土、瞭解土壤的特性，依循地質與季節氣候來散播適合的種子，小心過猶不及，才能得到我們期望的結果。追根究柢，費心培育農作物的過程和努力完成一篇有深度的哲學作文十分相似，不是嗎？

比方來說，種植洋蔥時若上下倒插，這就像強詞奪理，無法據以說服任何人。文章中若引用太多別人的說法或舉太多範例則會模糊了主客觀點，彷彿把櫻桃蘿蔔或生菜的種子灑得太密集，無法讓它們欣欣向榮。種馬鈴薯時，若種得不夠深，就像勉強插入的參考資料，只會讓馬鈴薯枯萎而不會發芽。面對不熟悉的科目時，硬要套上自己在別的科目死背活記的公式來解題，就像把適合在溼潤土壤生長的植物栽種在沙質土地上，或是在寒帶氣候栽種棕櫚樹一樣。

當我們彎著腰、將手伸進土壤，才能更深刻地體會到要怎麼收穫就該怎麼栽。如果無法身體力行地種植植物，或時間有限，那就讓我們專注於紙上圖畫，探索筆觸間隱藏的思緒吧！讓我們追隨康德的比喻。如果社會就像樹群的集合體，那何不以森林的模式開始來分析社會運作？接下來，何不觀察一下學生們的樹之群像，找出欠缺協調、造成功能障礙的地方，思考一下該如何對症下藥？崇尚自然本性的盧梭，想必也不會出言反對。畫在紙上的樹木，建構出一座最多樣化的森林——別忘了支撐樹林的一張張畫紙，是人類創造的樹木分身——我們的思考隨著鬱鬱蔥蔥的枝葉逐漸茁壯。

跟盧梭的時代相比，當今社會組織結構非常複雜且更加國際化，分析的難度也更高。從以自身日常生活為界的小型社會到全球各地，形成更加繁複多元的社會層次。每一座大陸都像樹林一樣，竭盡全力捍衛自己的獨特性，搶奪生存空間。有趣的是，有時透過譬喻能更準確地表達抽象概念。

有位學生向我們展示他的樹世界。一群整齊劃一的樹木筆直而立，共存而不互動，而其他不同種的樹木則遭到排擠。另外一名叫做蓋伯爾的學生更徹底畫出令人驚嘆的社會縮影：他把畫紙分為兩半，分屬兩段不同時態：過去和現在。過去的樹木充滿野性而平衡的生命力，彼此之間互相襯托。然而，現在的樹木呈現枯敗的景象，一群螞蟻大軍搖旗橫行，所經之處盡皆化為戰火灰燼，揮舞的大旗上寫著宗教、資本主義……

過去與現在的樹林之間，發生了什麼事呢？一向反應靈敏的蓋伯爾提出兩種可能性，其一是基因突變造成的，其二是不斷循環反覆的週期現象。那我們該怎麼做呢？假設這種循環是必然而無法打破的，是不是加速第二階段的枯敗過程，趕緊回到和諧共存的第一階段？此時，班上另一位同學不快地出聲說道：「樂觀一點！好歹讓我們保持一線希望啊！」

接下來輪到瑪歌，她比我或蘇格拉底都更厲害，只憑幾抹色彩、形狀的演繹，就能激發一連串的疑問，引起一場生動的討論。瑪歌畫了一個金字塔形狀，「位在高處的樹」以權力與金錢支撐起特權，對其他樹木強取豪奪。雖然瑪歌的畫技並不特別高明，但她的畫作出自直覺，比她能夠說出或只知其字不明其義的詞彙都更生動；毋需使用那些我們早已爛熟於心的嚴肅辭彙，如民主、共和、自由、人權等等。我們由此發現柏格森（Bergson）哲學觀的影子，這位法國哲學家認為一項藝術活動就能超越語言的侷限。

樹木能教我們的必定比人所能想到的還多得多，也許它們不像人類一樣，擁有一顆一切美好與混亂之源的大腦，但它們有記載千年記憶的樹輪，又不像人性一樣變幻無常。植物的外表看似單純，但我們至今仍無法完全解開它們身上的謎題。有時，觀察樹木比長篇大論更容易引領學生進入哲學殿堂。當然，我不知道這種教學方式是否能多少讓學生在某些時刻體會到已故的西蒙・薇伊（Simone Weil）所言，扎根是每個人內在的通性，而她在一九四三年發表的著作，書名就是《扎根：人類責任宣言》（*L'Enracinement*）。我也不知道在不知疲倦為何物的旅行者西爾萬・泰松（Sylvain Tesson☆5）身旁，我們是否也能跟著登上森林與思想之巔，宛如身手矯健、經驗豐富的猿猴。但我知道的是，在經過多次實施這個活動後，樹木能讓人反躬自省，又能幫助我們耕耘自我的哲學花園。相信著有《花園——談人之為人》（*Traité des jardins, réflexions sur la condition humaine*）的哲學家羅伯特・哈里森（Robert Harrison）也會欣然同意。祝福所有集結野性森林與人性文化於一身的人！

☆4 作者註：羅伯特・杜瑪的《樹之論》。人類虧欠樹木很多，比我們所能想像到的還要更多。但令人好奇的是，雖然笛卡兒或康德等人，時不時以樹木為比喻，但很少哲學家以樹木做為觀察主題。只要我們用心觀察，仔細鑽研，就會發現樹木是一切的中心，由樹開始，萬事萬物才衍生出各種意義、象徵。

☆5 作者註：還需要介紹這位大名鼎鼎的西爾萬・泰松嗎？這位受過專業訓練的地理學家到處旅行，愛好攀爬教堂之顛，在其《簡談天地之廣》（*Petit Traité sur l'immensité du monde*）中，特別提到他數次徜徉於樹頂的經驗。

★3 譯註：出自尼采的《偶像的黃昏或怎樣用錘子從事哲學（*Crépuscule des idoles ou Comment on philosophe avec un marteau*）》。

3
哲學課上，什麼都有可能！
En cours de philosophie, tout est permis !

有時，當我跟同事分享我最近一場教學的滑稽實驗時，他們多半臉上露出微笑，說著類似這樣的話：「那是因為妳教哲學，才能用這種方式上課。但數學課（或視說話者的身分，替換為法文課、物理課等等）不一樣。我們有教學綱領和進度規劃，必須按部就班地教課，而且下一學年度的老師仰賴我們完成今年的進度，就算我們想更自由活潑地上課也辦不到。」（有時，對方會用更直白或義正詞嚴的外交辭令來說：「我們可不能隨便亂教……」）

考量學生每一學年或每一週必須死背硬記多少內容，我們不得不捫心自問：改變教學方法究竟有多少風險？無庸置疑，多年的教學生涯在我的程序記憶（mémoire procédurale）中已深植各種無意識的自動反應，儘管我曾經以為自己永遠學不會這些繁瑣的事情。這想必歸功於學校有時溫和親切，有時強行要求的各種規定。但在我最私密的情節記憶（mémoire épisodique）中，讓我留下深刻印象的是人與人之間的相遇時刻。在我求學時，那些站在我面前的老師們所展露的人性，力求言行符合個人信念，這些才是我人生中最美好的禮物。

人生的課題存在於不斷重複、簡單明瞭的日常行為裡。現在，要我明確地講出到底是哪些人教我柏拉圖大師的哲學精髓，或要我說出是誰傳授我叔本華的精妙理念，我恐怕說不出來。

一場師生之間的真誠相待，老師經歷自我掙扎只求傳授學生其知識菁華，用熱情感染學生，讓他們滿懷自信地探索未知領域。相比之下，聽從那些根本不在乎個人發展、位高權重的高官訂下的課程大綱，結結巴巴地反覆講述那些理論，但其中真義早已在宛如複雜迷宮的課程安排間蕩然無存，這些難道會比前面所提的熱情更重要嗎？當老師只在乎教授知識，而忽略其他事物時，往往也搞不清楚學生的學習情況，無法分辨誰聽不懂，誰無法聽懂，而誰根本不想理解。

教學並不是假扮完美，而是隨時警惕自己以身作則，同時保持一顆仁善之心，不要急於批判，容許學生犯錯，隨時給每個人多一點機會。長大成人並不是件易事，而當那些承擔學生信任的引路之人都不值得信任或不尊重學生，更為青春之路徒增荊棘。雖然許多教師用心良善，但只顧教課不顧其他的老師依然很多。

我回想在文學預備課堂上，老師帶著我們認識康德一再強調的「分析——綜合二分法」（jugements synthétiques a priori），這理論不可不知，但晦澀難懂且其中意涵非常玄妙。我的老師身材矮小但精力旺盛、活力十足，思緒跳躍，為了解釋清楚康德的概念還會跳上講桌比手畫腳。雖然我不確定那一年中，他是否成功說服我認同康德的思想多麼非凡，但隨著時光流逝，我漸漸以崇拜的眼神看著這位在我們面前竭心盡力、毫無保留的男子，我知道是他讓我下定決心，讓我渴望長大成人，當個像他一樣充滿內涵與熱情的人。因此，教學大綱真的重要嗎？我認為展現人性本質更重要得多。

畢竟，哲學家和我們一樣都是人，只是特別關注於特定議題，後來才成為理論或制度的創建者，就像生物學家或數學家一樣。致力於在學校、高中校園裡教育自由的人類、培養學識淵博的公民，這是崇高的理想。但我們難道必須完美的通過層層「學術系統」，比如精通拼字，才能成為自由的個體和知識淵博的公民嗎？事實上，語言專家都知道語言的發展與時俱進，但其背後的原因一點也不清高堂皇。比方來說，五百年前抄寫經書的僧侶依字數換取報償（至少他所屬的修道院會收取費用），因此他們常在不改變文義的情況下，多加幾個贅字或字母。那時，他們心中念茲在茲的難道是為五百年後的讀者保存「語言的高雅」嗎？然而，問問你身邊的人，比如法文教師，他們會放任學生把洋蔥（oignon）寫成「羊蔥」（ognon）嗎？或把睡蓮（nénuphar）寫成「睡連」（nénufar）？事實上，上一次的法文拼字改革也不過是……一九九〇年左右的事，至今也才二十五年。由此可見，眼前所見的事可不一定是最重要。

當我們對各家詩人偏好的譬喻用詞方式瞭解透徹時，難道我們真的因此而感動激昂，深切體會到十四行詩的雋永，甚而激起內心拾筆揮灑的渴望？遺憾的是，以標榜效率、回報率、數據化，甚至客觀性的技術至上概念卻逐漸滲入各個角落。

一連串的程序構成一堂課，一堂堂課組成一門科目，一門門科目成了一學年，數個學年建構成一個學制。有趣又感傷的是，這令人想起傑瑪・奧瑞（G. Allwright）唱過的一首老歌：「小盒子，小盒子，方方正正又一模一樣的小盒子，人們在自己的盒子裡，一路走去上大學。在那兒，他們都被放在盒子裡，一模一樣的小盒子。……男孩們去學商，接著成了一家之主，他們建造新盒子，一模一樣的小盒子。他們完成人生大事，接著全走向墓園，待在那些一模一樣的盒子裡。」

這麼說來，難道人就理當隨心所欲，任性而為嗎？其實也不必要理由，因為事實上，我們早就亂搞一通。學術世界充斥規則與程序，依能力分級的課程內容，反覆的評鑑、評分，明列排名，重視表面紀律，但這一切真的創建了一個美好世界嗎？學術是否讓今日的世界變得更包容多元，接納異己，富有共識與悲天憫人，互相幫助且積極合作？我們懂得正確拼寫「倫理道德（éthique）」這個字，難道就會讓我們因此變得更有人性？

累積多年教學經驗、看過形形色色的學生後，容我對這一切抱持懷疑。名聲卓越且獨樹一格的「法蘭西共和國學校」，號稱能讓勞工和清潔婦所生的兒子也能憑藉自己的實力爬上社會階級的階梯，並在專業領域裡飛黃騰達。但對我來說，這些只是從未實現過的空想罷了。根本是一代代人民經歷沒有笑容且根本不希望重來的學生生涯，在許多年後因懷舊心情而重塑並美化的回憶罷了。

當我為了加強學生學習哲學的參與度，即使學生的作業乏善可陳，我也給他們10/20的及格分數，數名同事批評我只是使出譁眾取寵的技倆。事實上，研究證明，讓學生自我評量是十分有效的學習方式☆6。當我要求學生為自己的表現打分數，我已權衡過恐怕會有少數學生為自己打下滿分的成績，但事實證明，只有極少數的學生會這麼做。所謂崇高珍貴的全班平均成績常被當作學習表現穩定的象徵，但我的班級的平均成績總宛如遭逢危機的股市指數上下震盪。此刻，我看見同事們挑起眉毛來對我不表贊同。

阿爾貝・雅卡爾（Albert Jacquard）也拒絕為學生打分數，相信：「贏家只是輸家的製造機。」雖然目前我還無法跨越這道教育的難關，仍必須屈從於教育體制，為了幫助學生申請大學，不得不準備那些出了名繁瑣的「在校成績檔案集」；但我熱切地渴望有一天，我們終於不用再為學生打成績。儘管我們目前無法從評分制度中解放，我們仍能正視成績的本質——它是有用的教學配件，但不是教育宗旨。與此同時，我仍堅持自己的教學之道，滿心喜悅地使出我的教學特技。

☆6作者註：現在有許多針對各種學習方法與其效用的研究可供學生參考應用。例如在日內瓦大學的網站上（https://www.unige.ch/dife/enseigner-apprendre/soutien-apprentissage/），即可找到十分有趣的相關摘要簡介。

4

跟隨狐智之道！

Suivez la metis ou la voie du renard

我們常將狐狸視為精明老練、聰穎機智的象徵，甚至形容牠們總能從容不迫地謊話成篇。而我們的老友馬基維利（Machiavel）想必不會否認這種說法。馬基維利直言，若君主真想統治天下——也就是握有實權——就必須知道如何根據情勢適時地當一頭獅子或當一隻狐狸。他在一五三二年完成的《君主論》（*Le Prince*）中提到：「身為君主，你必須知道兩種戰略，一種是法律，一種是武力。法律來自人性，武力來自人與動物皆備的獸性。當法律無效，就必須訴諸武力，而君主必須善用這兩種武器來治天下。……採取獸性武力之途時，君主必須學會怎麼扮成狐狸和獅子。狐狸面對豺狼難以自衛，但獅子一遇到陷阱就容易失算。君主得兼備狐狸的機智和獅子的威猛。若君主輕視狐智的重要性，那他並不瞭解怎麼當個君主。換句話說，一個謹慎的君主不該也不必守信。當君主說過的話不利於自身，或當時的原因已不復存在時，君主就不該再守著之前的承諾。」

我在前一章中提到，我認為從事教育這一行最重要的莫過於以身作則，並保持仁善之心。可嘆的是，師生間的關係不但稱不上一路順遂，甚至可說是荊棘滿佈。不管教材準備得多麼充足、課程多麼豐富，兒童和青少年通常一開始對上課毫無興趣，欠缺學習的動力。也許是學校課程的架構令人感到索然無味，也可能學校傳授的知識顛覆了學生的既成觀念，總之，簡直像節拍器一樣精準，學生過了一段時間後必定排斥學習。學生不知該怎麼面對課堂上浮現的疑惑，於是藉由抵抗學習間接地反抗教育權威，形成無法避免的因果循環。而合法的教育威權——老師或學校——則會盡其所能，在必要的秩序與可容忍的混亂間找出微妙的平衡點。

過去這幾年來，就我的觀察，這種個人與權威間的難解習題，不管在教育或其他企業職場，都變得愈來愈明顯。現今的青少年自信滿滿，他們的價值觀建構在個人權利上，而不是責任義務。父母多半小心翼翼呵護孩子的自尊心，讓他們渾然不知謙虛為何物。有些孩子根本不懂東西價值的意義何在（父母只會跟他們計較價格高低，而不會討論是否有購買的必要），因此他們也習慣於凡事都可不勞而獲。他們和前一代的人不同，不管限制再怎麼合情合理，他們都無意接受。

此時就該恭請足智多謀的狐狸大師雷納德大展身手了。狐狸正如希臘文中梅蒂斯女神之名 Mètis，字意為「謹慎明智」，懂得以退為進，繞個圈子來達成目的。這是不是代表我們草草翻閱一下馬基維利的著作，就能妄下「為達目的，人必得不擇手段」的結論呢？

非也非也，一旦失去仁善之心，足智多謀就容易流於奸詐陰險。仁善的首要重點就是不能為了實效而違背道德準則。我們要向狐狸取的經是牠的智慧。狐狸隨時預料可能情況，具備高超的適應與反應力，深諳隱身偽裝的藝術。我們像牠一樣登台演出好贏得喝采，活用荒謬招式，精心策畫營造即興驚奇的效果，靈活使出各種技巧，只為在學生心中留下鮮明深刻的印象。最重要的是，老師必須全心全意地投入，才不會讓這些技巧流於空洞的花招。

《教學絕妙奇招：激發學生的一百種戰術》（*Les Ruses éducatives, 100 stratégies pour mobiliser les élèves*）一書的書名乍看之下用字強烈，其作者伊弗·蓋更（Yves Guégan）在書中羅列各種吸引學生注意力的必備技巧，讓孩子對本來冷淡無感的事物產生興趣，進而樂意在特定領域多下苦功，不會妄想一蹴而就。畢竟眾所皆知，許多能力並非唾手可得，唯有堅持不懈、反覆苦心練習，才能得到合乎期望的結果與收穫，音樂家和運動員都深諳這個道理。為了促進師生間的互助合作、讓課程變得更生動且兼具建設性，書中提供許多教學建議。不只如此，蓋更聽了許多老師的實戰分享後，以一個有趣的角度重新解讀所謂的「狐智多謀」。他提到模仿動作、獎賞利誘、障礙刺激、迂迴策略、權力分享和矛盾策略……等等技巧，這些用詞不但很有軍事色彩，甚至隱含政治意味。許多剛出校門的菜鳥老師在經歷過以理論和專長領域為主的教學訓練後，並不明白所謂「教學奇招」的重要性與精妙之處，常常不敢挑戰既定觀念，不知如何施展狐智之道。

比如師生共享教學權力這件事。幫助學生發展責任感，代表了老師相信學生能夠承擔責任。如果說學生遇到難題時，往往選擇保持沉默，事不關己的袖手旁觀，寧願讓別人承擔風險，事實上，老師們也常常認為自己必須一肩擔負學生表現的成敗，因此猶疑不決，不敢把教學權力下放給學生。對我來說，一個真正的教育者在教學過程中會愈來愈無為而治，給每個學生展現自我的機會，讓他們盡情自由發揮。

讓我們再次回到教學現場，用實例來解釋吧！

高三的正式哲學教程中，必須一一研究各種觀念，其中一個主題就是「工作」。工作的法文 travail 源自拉丁文 tripalium，指的是一種以三根木樑支撐的折磨刑具。雖然知道此字源的學生很少，但他們立即毫無異議地同意工作的確是折磨，如果可以的話，他們根本不想工作。只要聽聽學生被迫用功寫作業時那震耳欲聾的嘆息聲，就知道他們的感受。

我們可以向學生講解各種理論，從亞里斯多德一路講到漢娜・鄂蘭（Hannal

Arendt），探討工作是種建立自我並塑造世界的方法。雖然如此，我們不得不正視在現今社會上，前人所說需耗費時間毅力去完成展現自我、亙古永存的作品，如今已變得速成不耐久。慢慢的，作品變得愈來愈空洞，連工作的目的也逐漸消失，造成一種嚴重而錯亂的迷失感。鄂蘭寫於一九五八年的著作《人的條件》（*La Condition de l'homme moderne*）中提到，工作除了是一種人體的勞動，同時也與人的需求緊密相連。人從工作中創造經得起時間考驗、穩定世人的作品，是人之所以為人，有別於動物只會勞動的原因。如今作品無法久存世間，作品的定義不斷流動，變得曖昧不明。當匠人（Homo faber）成了流動人（Homo fluxus），許多人感到不安，畢竟不是每個人都能雕塑水！當人們一輩子不再只從事一種志業，不再像過去，耗上一生精進技藝、體會箇中奧妙，也更難以想像未來該何去何從。

教學資源有限的情況下，我常用下面的這項活動幫助學生重新理解工作的意義。首先，準備許多問題，其中大多數和工作相關、引領學生初步反思工作定義，並加入一些與技能、藝術有關的議題，還有一些幫助學生更容易探討工作、同時也和哲學教程必備內容緊密相連的概念；把這些問題都寫在數張不同顏色的色紙上。接著，把色紙剪成大小形狀不一的碎片，務必讓紙片看起來毫無規則可尋；再把這些碎紙片全部混在一起，放進一個紙盒，最後用包裝紙包好。這下子，這個紙盒看起來就像一份精緻的禮物。

光是看到老師帶著禮物盒走進教室，全班學生立刻興奮不已，聚精會神地上課。這份禮物附上一張模仿電影「不可能的任務」口吻的字條，寫著：「因為一個可惡的人為疏失或技巧疏漏，我們的任務成了一堆不明所以的碎片，學生得絞盡腦汁把小紙片拼回一張張色紙，任務失敗的話，後果不堪設想（比如數學考試等等）。」在某些情況下，如果任務順利完成的話，我會準備一些獎勵（比如一兩片巧克力）。

接下來，我好整以暇地讓學生盡情享受這場趣味活動，自行委派工作內容好完成這項任務。有些學生的第一個反應是批評我逍遙自在的態度，抨擊我怎能摧毀傳授知識的偉大紙張。不過，這對我來說早就不是什麼新鮮事。有一年，為了呈現哲學概念多麼精妙，讓學生親身體會亞里斯多德必讀章節中提到的「驚奇」感[☆7]，我大膽地將他的書揉成紙團，再交給每個學生。當時，我就見識過學生的不以為然。

每個班級對「拼碎紙活動」的反應都大不相同。值得師生一同深思的不僅是寫在紙上的問題而已，還有學生的應對態度。有些人喜歡循序漸進，講求效率；有些人情願觀望等待，由別人主導；有些人公平地分派任務（我收集藍色紙片，你收集綠色紙片）；有些人任由熱心或任勞任怨的少數學生攬下大部分的工作。除此之外，老師會不會收回最後的「拼圖」並依此評分，明顯影響學生的積極度。有些人過於執著，不計代價要找出同一張紙的所有紙片，努力拼湊；即使紙上的字明明清晰可辨，但只要錯置了一張碎片，他們就緊張不已。

有些學生把這活動玩成了一場激發創意與歡樂的遊戲。他們把不同顏色的紙片硬是拼成一張Ａ４大小的紙，雖然這些亂拼亂湊的文字和我寫的問題完全不同，但他們也能另創新意。馬丁甚至突發奇想，把各種顏色的小紙片拼湊成花朵，而把紙上的文字完全拋在腦後。可想而知，不少同學為此氣極敗壞，因為馬丁渴望自由揮灑的創作靈魂讓他們再也無法把紙片完整拼湊起來，任務終告失敗。

有時，事實上是常常，面對教學指令時，我們不得不放棄創意。至於羅蘭呢，一開始對這項任務很困擾，但她成功拼湊出一張顏色一致、完整無缺的紙，而且這不是一張普通色紙，而是白紙呢！雖然如此，她並不滿足，開口要求我再給她一張問題紙，同時警告我不可以把它裁成紙片。

雖然拼紙活動繁瑣艱辛，但比較同學的拼貼方式、分工合作的過程，就是我們發展思考的骨架，師生們由此一同探討工作的各種層面，比如：工作意義、分派任務的方法、每個人有意無意間流露的創意、專業與匠藝的重要性、有效率且富有成就感的工作模式、工作的侷限，以及工作有時具備不斷重複、無趣地讓人抓狂的特性。狐狸大師雷納德到此一遊，他打定主意把大夥兒搞得暈頭轉向。然而，師生共度一段歡樂時光之餘，也親身體驗工作的意涵，我希望我們都藉此有所省思。

☆7作者註：亞里斯多德的《形上學》（*Métaphysique*）中提到：「不論現在，還是最初，驚奇都是人進行哲學思考的起點，人最初對身邊不懂的東西感到奇怪，繼而逐步前進，對更重大的事情發生疑問，例如月象的變化、太陽和星辰的變化、萬物的生成等等。如果有人感到疑難和驚奇，就會覺察到自己的無知。因此，在某種意義上，愛智者也是愛奧祕者，奧祕由奇異構成。倘若人們為了擺脫無知而進行哲學思考，很顯然，他們是為了知而追求知識，而不是以某種實用為目的。當前的事情本身即可作證，可以說，只有在生活必需品全部齊備之後，人們為了娛樂消遣才開始進行這樣的思考。顯然，我們追求它不是為了實用，正如我們把只為自己不為他人而存在的人稱為自由人，在各種科學之中，唯有這種科學才是自由的，只有它才僅僅為了自身而存在。」

5

連接你我的彩繩

Bouts de ficelle

半世紀前，精神科醫師與精神分析學家約翰．鮑比（John Bowlby）[☆8]做了許多研究後，提出依附理論。這些研究揭露了一個發人深省的矛盾現象：除非我們在情感與精神上都有穩固的依戀，否則無法建立並擁有真正的自由。愛好森林的人會說，依戀就像樹之根。不過這一回，我們要討論的不是樹，而是繩子。別會錯意，我可不是想吊在樹上。

這一年我遇到一班表現欠佳、反應低落的學生，我和其他老師都找不到提振全班士氣的方法。既苦惱又不知所措的我們搜索枯腸，想盡辦法，希望能陪伴這群學生順利通過高中會考。盧梭改革了當年常遭到嚴厲批判的普及教育，如今，他挾著豐富經驗和幾綑線繩前來拯救我。

我有幸認識許多兒童活動的主持人和老師，他們簡直像一座座活動寶庫，個個身藏十八般武藝。他們如同藝術大師一樣，兩手空空就能化腐朽為神奇。人們多半認為他們的工作只是打發時間的消遣，雖然我無意就此多加著墨，但我必須說，這可是荒謬至極的錯誤想法。我們一同想出了下面這個教學活動。首先，準備幾種不同色彩的棉線球，把棉線編成穗帶——幸好有電動鑽線機這項厲害工具，能迅速把數條細棉線編成一條色彩多樣化且較粗的繩子；再在繩子上刷一層蠟來固定線繩，以及避免散開；最後以某個小東西為支撐，把繩子繞捲成一束。小小的編繩任務馬上就讓學生們像蜜蜂一樣分工合作。下一堂課的活動前，我再把繩子拿出來，請學生把繩子解開，並一一抓緊繩子。

學生們一臉意外，可能滿腹狐疑，但他們還是依照指令動作。有些調皮的人抓了一長段繩子捲成一團，只為了瞧瞧別人的反應。我趁機來場機會教育，告訴學生，我們在這整個學年像是被繩子緊緊綁在一起般，每個人做了什麼或不做什麼，都會像波浪般產生後續效應衝擊到其他同學。有人認同、有人遲疑，在認真聽講之餘，他們不忘玩弄手上的繩子。

接下來，我乘勝追擊。我一邊解釋繩索與蠟的隱含意義，一邊請學生各剪下一段繩子，接著請他們把繩子綁在手腕上。雖然學生們並非自己選擇成為同窗，但手上的彩繩隱而不顯地提醒他們，全班同學都身處同一艘船上，是團體的一分子。只要他們願意投注心力，發揮智慧，就能成為支持彼此的力量。當然，我以身作則地先把繩子繫上手腕。一開始，大為意外的學生躊躇不前，但過沒多久，他們就跟著我把繩子繫上手腕；也有些學生寧願繫在筆袋上；只剩下少數幾名學生仍然猶疑不決，儘管剪下一長段繩子，卻不知該怎麼辦才好，最後，他們還是沒把繩子綁在任何東西上面。

我不動聲色，讓他們自行處理這段大家同心協力編成的彩繩，等他們準備好了，也許就會繫上手腕。同時，全班重新踏上學習之旅，一同走向六月會考。當一學年已近尾聲，儘管學生的行為看似沒有什麼改變，但許多人的手上仍繫著那條彩繩。而且，數學老師、英文老師紛紛過來拜託我，說他們也想戴一條一模一樣的手環。誰想得到毫不起眼的幾條棉繩有這麼神奇的效果？

想必至此，有不少讀者已露出質疑的眼神：「妳前面不是提到盧梭嗎？盧梭到底藏在哪兒？」答案很簡單，每個人的手腕上都繫著原本前後相連的一段彩繩，雖然並不顯眼，但它一直都在那兒，這是我們彼此緊密相連的記號。它並沒有剝奪我們身為獨立個體的自由，反而讓自由更加茁壯。當然，我並不認為學生從一條彩繩就能明白盧梭的偉大著作《社會契約論》（*Contrat Social*）中那些意涵深遠的內容。但如果學生能從彩繩活動中有所省思，我們希望他們能夠領會到，協力合作並不代表失去自我或自主能力，反而是建立一個更公正、更自由的社會組織的必備條件，正如盧梭所言：「每個人把自己交給全體，等於沒有交給任何人。」

如果我們有一條更長、更堅固的繩子，還能進行其他許多活潑有趣的活動。我的學校是一所涵蓋幼兒園到高中的完全教育學園，而幾名幼兒園老師發想了一個頗具啟發的活動。他們請小朋友們抓住繩子，依序走過某個重要空間，最後抵達遊樂場。每個小朋友在行進過程中都不能鬆開繩子，直到目的地。手中緊握一條「方向繩」、一同漫步在公共空間中，對孩子們來說好玩極了。

某次，教育部又興之所至地進行了高中教育改革，而我得帶領一群高一學生討論未來的職業性向。我以此為目標設計了一個活動。我請學生走到戶外，大家握著一條繩索，一同往公園的方向邁進。此時不妨觀察誰走在前面？誰拖拖拉拉地走在後面？大家的步調如何？誰在何時鬆開繩索？當後面的人趕不上時，前面的人是否會停步等待？落在後面的人是否心不甘情不願？如果有人鬆手，會發生什麼事？然而，最重要的問題是，到底最後是以最快的速度抵達公園，還是所有的人都一起高高興興到達目的地，哪一個比較重要？畢竟走出教室、閒晃一會兒，比呆坐在課堂上有趣多了。這個活動除了帶來樂趣外，也能讓學生更直接且深切理解職涯選擇的重要性。掌握方向，為自己立下目標，設想實現目標的最佳途徑……這些和選擇職涯的過程不謀而合。對我來說，比起老師口沫橫飛地講述「掌握人生方向」的重要性，「握繩共走」遊戲能達成更強而有力的效果。經過多年的經驗，我知道長篇大論的說教根本沒有實際效用。

最後，附上一個我尚未實行過，但我認為很有效的小活動。準備一條打了結的短繩子，讓學生靠近好好觀察，但禁止他們伸手觸摸或移動繩結。等觀察時間結束之後（繩結仍放在他們視力可及之處），接下來，拿出一條長繩子，伸展開後，請每個人都握住繩子的其中一段。等到學生握好繩子、一一站定位置後，就不能再鬆手放開繩子。此時，請大家協力合作的移動，想辦法把長繩子打成跟短繩子一樣的結。

這是一場腦力與團隊精神的考驗，必須身心全力投入才能達成任務。透過這個活動，我們理解到，在這個世上沒有人能獨善其身，每個個體都仰賴別人才能不斷地進步。許多其他的團體遊戲都具備類似意涵，我們可以根據科目別或教程主題來調整每一個細節，突顯特定重點。像這樣的課堂遊戲，是不是就像和鮑比和盧梭來了場親密接觸呢？雖然我們沒有意識到，但他們其實就在我們身邊。

☆8作者註：約翰．鮑比的依附理論多根據魏尼卡（Winnicott）、哈洛（Harlow）及勞倫茲（Lorenz）等人的研究而建立。其概念為：一名幼童必須至少和一名主要照顧者發展出親密依附的關係，此照顧者必須長期穩定連續的養育這名幼童，幼童才能獲得健全的社會與情感發展。萬一欠缺這些對象，幼童失去「安全感的基礎」，就難以具備勇於探索世界的自信。

6
一場衛生紙大戰
Hygienique polemique ou la guerre du papier-toilette

專心兩個字，聽起來理所當然又平淡無奇，但注意力是左右人腦的頭號領航者。法國國立健康醫療研究機構（Inserm）的著名學者尚・皮耶・拉斯休（Jean-Pierre Laschaux），在其著作《專注，控制，鑽研與放任的頭腦》（*Le Cerveau attentif, contrôle, maîtrise et lâcher-prise*）中寫道：「當我們心不在焉或深陷煩惱時，就算世上最嬌美的女子站在我們面前也魅力全失。」他特別在《走在鋼絲的頭腦》（*Le Cerveau funambule*）一書中以務實的角度詳加闡釋這個概念，宣稱在這個網路普及、人腦被各種資訊轟炸的時代，人有限的注意力不斷被拉扯分散。因此，若想懂得保持專心的祕訣，我們必須比過往更深入瞭解注意力的運作方式，只不過似乎就算明白了也沒多大效用。

現在的廣告商精心設計、甚而誇張渲染各種感官刺激，說來他們在神經科學領域的造詣實在遠遠超越一般教師的能耐。面對鋪天蓋地襲來、索求注意力的各種外界刺激，懂得巧妙運用注意力，時時留神而不會漫不經心的人，可說功力高強，畢竟失去專注力也就會對自己或世界的事視若無睹。想當然爾，這樣的情況下根本無法吸收知識。

因此面對學生，我的首要任務就是針對注意力散漫來對症下藥：失去專注力、沒有好奇心，就沒有哲學。讓我們先從平凡簡單的事物來練習專注力，特別是那些看來毫不起眼、平時習以為常，只知其實用功能的事物。

正因如此，本學年度一開始，我就讓學生做下面的練習：不帶批判，用心觀察眼前的日常用品，力求精準、不放過每一個細節；接著寫一段文字描述，務必避免過多的「自我投射」，保持客觀。聽來很簡單，實際執行起來可沒那麼容易，畢竟此刻是星期一早上八點，而放在講桌上的那個迷人抱枕看起來多舒服啊，把它壓在頭下一定很愜意吧！它鬆軟的姿態讓每個人心馳神往，枕頭套上的顏色突然變成了一個個勾魂漩渦，集世上一切美學與功能優點於一身。

而星期三上午剛過十點，學生肚子裡的早餐早就消化殆盡，有些人可能為了多睡十分鐘或梳妝打扮，根本連早餐也沒吃。加上剛剛又上了兩小時的體育課，此時連一罐平時看起來索然無味的菜豆，也引人遐想不斷。只聽得到肚子咕嚕作響的學生漫無邊際地胡思亂想。畢竟，眼前這些東西毫無特別之處，何必觀察？到底要觀察什麼？抱枕就是抱枕，罐頭就是罐頭，不是嗎？

但我無意退讓，堅持學生留意感官傳達的各種資訊，諸如物體的顏色、形狀、質地、體積、重量。此時，正是見證學生多麼隨興地使用語言的絕佳機會。有時，他們用「圓形」來表示圓柱體，用「方形」來描述正方體，把立體的實物扁平化，這種不精確的語言用在日常生活中並不會造成太大影響；不過，這樣的文字既不詳實又欠缺內涵，而「差不多就好」的態度不但影響了學生的論文內容，也深植於思想中。

高中會考也曾出現過「說得好才能想得細」這種題目，雖然我不能斷言這句話有沒有道理，但我能確定的是，若沒有豐富的辭彙，思考很容易就退化為「現成思考」（prêt-à-penser），甚至淪為「現成免思」（prêt-à-dépenser）。我們應幫助學生瞭解他們的語言，雖然年輕人使用的語彙簡直像外星文，但內容豐富、字眼強烈，他們常透過語言展露驚人創意。身為成年人的我們，常常執拗地貶低年輕人用語，但他們活潑的想像力不該被輕忽。對別人意義明確的事物，其他人卻可能丈二金剛摸不著頭腦，正如剛開始識字的人，需要有人耐心解釋才能明白一段文字的意義。抱持著這樣的態度，讓我們再回過頭想想，年輕人的語言、鬧鐘、抱枕……這些看似平凡的東西，到底是什麼？

它們有哪些必然性質？又具備哪些偶然性質？從實用角度來思考並不困難。但若想想，眼前的 USB 隨身碟為什麼要以橡膠外殼來包覆？而橡膠外殼為什麼要設計成龍的形狀？難道記憶體容量因此變大了嗎？如果它脫下橡膠龍的外衣，只是一個平凡無奇的隨身碟，是不是就沒那麼引人注目了？沒有手把的茶杯有用嗎？空有一只茶杯，但沒有人請你喝杯茶，或你沒有飲料可享用、茶杯只能空空如也，那茶杯的意義還一樣嗎？又或者，我們能想像用紡織品做成的杯子嗎？

想想內在與外表的意涵。當我們從物體的外形猜測裡面的內容物時，真的猜得準嗎？或者，裡面真的有東西嗎？學生們以困惑疑問的眼神掃視眼前的每一樣物體，就像首次發現它們的存在一樣。覺醒，這正是哲學之路的第一步。

每學年一開始，我都會帶著很多物品來上課，有時也會悄悄地把幾個東西換成其他類似的替代品，藉此刺激學生發現生活環境的各種細微變化；像是藍色抱枕換成褐色抱枕，紅色茶杯換成另一個一模一樣的杯子，一罐菜豆換成一罐碗豆，白色的捲筒衛生紙換成粉紅色。今天，我在抱枕上就放了一個粉色捲筒衛生紙。當我跟學生們說，今天的這卷衛生紙和上次那卷不一樣時，他們回答，衛生紙的顏色有什麼重要？只要功能一樣，都是衛生紙。

於是我們針對捲筒衛生紙製造過程的顏色選擇，展開一場突如其來的熱烈討論，順便見識一下歷史學家米歇爾・帕斯德羅（Michel Pastoureau）[☆9]的作品。和藹可親的帕斯德羅是難以歸類的獨特學者，也是色彩史及動物象徵史的專家。從他的著作中，我們認識到那些我們以為放諸四海皆準、歷時不變的顏色意象，其實其象徵意涵跟時代、背景脈絡與隱而不顯的價值觀密切相關。學生們瞭解到，讓人與人會心一笑或哄堂大笑，用來解碼現實細節的象徵意義列表，其實具備了任意性（arbitraire）。這樣的認知都歸功於一卷毫不起眼的衛生紙，厲害吧？

為了教學生觀察物體並瞭解該怎麼寫描述報告，我再次以這卷聲名大噪、已討論許久的衛生紙為例，不放過任何細節。在結束討論前，我拿出一張在網路上找到讓我眼睛為之一亮的圖片，有人用衛生紙的厚紙筒做成一隻象徵智慧與哲學的貓頭鷹。這證明了平凡與崇高之間，也不過只是厚薄之別。

然而，一劑幽默若用錯了地方，也能輕易讓崇高跌落無底深淵。有一回，督學來校視察，他原本期待參觀一堂高尚深奧、充滿學術氣息且裝腔作勢的哲學講座，沒想到遇上場面混亂的分組討論課。我並沒有為他臨時改變課程內容，自作聰明地想藉此機會和他討論一下教學現場，身為哲學教師必須面對的風險，同時也是教育的魅力之處。

沒想到這是致命大錯，我無意間犯下瀆神的滔天大罪。學生對這位尊貴的訪客漠不關心，忠於自我，像平常一樣吵吵鬧鬧。漫長的一天已近尾聲，此時孩子們對學習毫無興趣，根本無心認真。不以為然的上級長官撇了撇嘴，轉而翻閱學生們內容五花八門的「書面紀錄」，偏偏學生是群蘇格拉底的投機弟子，認為寫作是遊手好閒者的技能。督學因學生沒有安靜地埋頭唸書、營造美好的學習氣氛而感到受辱。難道學校已不再是知識的殿堂？不再是學習的神殿了嗎？老天爺，多可怕啊！他氣急敗壞，接著突然停口問道：「到底為什麼要在哲學課上形容一個捲筒衛生紙？」

視察結束後，我和長官長談一番，雖然我有點笨拙地解釋這場不尋常的課堂活動背後的意義，他依然憤憤不平。可幸的是，我的教學預算十分微薄，負擔不起知名義大利藝術家皮耶羅・曼佐尼（Pietro Manzoni）的糞便罐頭，也無力購入馬丁・莫內斯提爾（Martin Monestier）的曠世著作《排泄物全史》（*Histoire des excréments*）。莫內斯提爾以詼諧且具洞察力的筆觸寫下這本空前絕後的獨特史書，用獨特角度來看塑造並影響個人、群體的道德風俗、感受、廉恥、社會規範的文明進程。

沒錯，糞便無所不在，與社會上每個行為與思想都緊密相關。但我們不得不說，崇高神聖的精神思考難以忍受糞便的存在。我和督學之間，卡著一個不到一百公克、但足以讓雙方長久積怨的物體。幸好它的價錢合宜，對我寒酸的「教學課程」預算不會造成太大影響。我想我們絕不會再次談論這個話題。更別提有機會跟他說我琳瑯滿目的教學項目表根本就不聳動呀！

☆9作者註：不管是藍色、黑色還是綠色，都逃不過米歇爾・帕斯德羅的法眼！他在歷史研究中，鑽研各種顏色的相關意涵。我對《條紋：柵欄、睡衣、斑馬線的線條遊戲》這本書情有獨鍾，也喜歡《著名的動物》（*Les Animaux célèbres*），其中也提到了法萊斯之豬的審判。

7
從黑暗走向光明
De l'ombre a la lumiere

要是學生上完一整年的哲學課後，只記得一句名言的話，十之八九是笛卡兒的那句名聲響亮的「我思故我在」。這句話總以各種形式出現在學生的論文中，令閱卷者和可憐的笛卡兒都困擾不已，入土難安的笛卡兒恐怕在棺木中輾轉反側，拉扯著他那頭飄逸長髮吧！要是學生只記得一幅圖像，無庸置疑，絕大多數都會把神聖的一票投給柏拉圖大師的洞穴寓言。

這座不幸的洞穴隨著社會潮流更迭和世人的心境變化，有時竟搖身一變成了一座酒館，畢竟洞穴（caverne）和酒館（taverne）只有一個字母之差。洞穴寓言在一份份的會考試卷上，有時居然從古希臘跳到二十一世紀，成了「康德大師的酒館」★4，柏拉圖也只能任由康德搶盡風頭。除非老師寧願坐在這家著名的連鎖酒館裡，一邊大嚼酸菜醃肉香腸鍋，一邊高舉啤酒，向柏拉圖與康德大師致敬，不然面對學生的荒唐筆誤，我們也只能拍案稱奇。

就像遊客到了雅典就一定要去衛城一遊，到了巴黎就必得去參觀羅浮宮一樣，高三學生非得到這著名的洞穴裡走一遭不可。洞穴寓言反應了人類的處境，形容人困在假象裡，而真實美景就在外面等著我們，只要費點心力，就能走出洞穴。可嘆的是，在學校附近不一定找得到石窟或洞穴，我無法帶著學生來一場身歷實境的戶外教學，而且在開學準備清單上，也沒要求學生須備齊一套洞穴探勘工具。

承蒙幸運之神眷顧，學校有一間昏暗無窗的教室，沒有任何通往戶外的門窗。由於預算緊縮，這間光線不佳的教室再次啟用。我的公事包裡放了一把手電筒，旁邊就是柏拉圖《理想國》那段著名的篇章。我關了教室的燈，四周立刻陷入黑暗，我們就像被鎖鍊困在洞穴深處的人類。

接著，我開始朗誦這段寓言。雖然有些學生發出怪聲，但大部分想要凝神靜聽這精采故事的學生立刻叫他們安靜下來。抓緊時機，我把手電筒往牆上一照，接著在光束前放置一樣物品，牆上立刻就投射出巨大且形狀奇怪的黑影；柏拉圖似乎穿越時空出現在我們眼前，喃喃低語。隨著故事進入第二階段，我把手電筒照向學生，同時突然打開所有的電燈。許多人哀叫抱怨，就像柏拉圖筆下的洞穴犯人初次被帶到戶外，世界大放光明，一時無法適應。

我再次關燈，打開教室門，讓一道日光灑進教室。接著打開手電筒和教室的一盞電燈。這是第三階段，我一邊朗誦原文，一邊解釋。第四階段時，我必須突然讓室內重歸黑暗，啪一聲關燈的同時，學生也嘰嘰喳喳地討論不停。接下來我們又重回光明。柏拉圖穿越時空就在我們身邊。

比起講求細節和學術性的文本研討，這樣的現場演練有何過人之處？我想到一個比喻；人們常宣揚「身歷其境」多麼重要，特別當我們想瞭解一種語言的基本語法或其細微意涵時，最好的方法就是泡個「語言澡」（bain linguistique），置身於使用此種語言的環境裡。我認為修習哲學的道理相同，要瞭解哲學就必須義無反顧地跳進哲學的池子裡才行。人的肉體與思想彼此影響，思想存在於身體之內，連榮獲諾貝爾經濟學獎的丹尼爾·康納曼（Daniel Kahneman）☆10也這麼認為。這位當代心理學家在其傑作《快思慢想》（*Système 1, système 2*）中，一口氣把我們從希臘的洞穴帶到佛羅里達州。

心理學家做了一個實驗，請一群學生學習一串與「衰老」有關的詞語，不過其中沒有「衰老」這個詞，反而列了「佛羅里達州」這個地名，那裡是深受美國富有的退休老人喜愛的度假聖地。接著，研究者請學生走到另一個地方進行另一場測試，與此同時，在學生沒有察覺下，研究者測量學生的行走速度。和控制組的學生比起來，實驗組學生的速度明顯慢了許多。這就是心理學上「佛羅里達效應」一詞的由來。

因此，讓我們以身體來思考。花幾分鐘來身歷其境，走進洞穴體驗截然不同的世界。這豈不正是人們熱愛電影的原因嗎？柏拉圖可說是前衛的電影導演，雖然他熱愛影像，但他也是批評影像的第一人。他用影像讓對話變得更鮮活生動，同時也批評影像引人誤入歧途、離現實愈來愈遠。就像洞穴裡晃動的虛影，讓我們悖離數學與哲學點亮的知識之路。

對人腦來說，影像實在太迷人了，有一區的腦部皮質具備各種令人嘆為觀止的功能，專門處理視覺資訊。人甚至能感受到或聽見腦部要我們看見的東西，就算它們並不存在。與其忽略視覺的龐大功能，與其抨擊影像屬於接受度廣的普羅文化，貶低影像的功用，不如試著換個角度，看看影像如何幫助我們瞭解哲學理念，並想出讓哲學文本和影像相輔相成的方法。在《電影哲學》（*Ciné-Philo*）一書中，奧利維耶·普里奧爾（Olivier Pourriol）就此提出了不少建議。不只如此，雨果·克萊莫（Hugo Clémot）前不久集結各方論文，編輯成《看電影，學哲學》（*Enseigner la philosophie avec le cinéma*）一書，其用意也是推廣電影作為哲學的輔助教材。

這種作法和哲學與邏輯學家路德維希·維根斯坦（Ludwig Wittgenstein）的觀念不謀而合。一九四七年，他在《雜談》（*Remarques mêlées*）一書中寫下：「一部美國電影或者天真愚昧，但正因它的天真愚昧，我們才能從中學到一些道理。……我常在蠢笨的美國電影裡獲益良多。」

當然，別忘了我們得一頭跳進去，讓自己身陷一片伸手不見五指的黑暗，保持警醒。手電筒照亮洞穴，接下來只要準備幾副眼罩，再請學生邁出幾步，就成了一場捉迷藏。讓一、兩名未矇眼的學生手牽手，帶領一群什麼也看不見的同學摸索著校園，在走廊、樓梯間踉蹌前行。

這是仰賴感官的漫步，雖然同學們一時之間不免感到不知所措，但同時又能提振精神，並體認盲人的辛苦，藉以間接向一位視力不佳的同學致上敬意。雖然有一、兩條危險四伏的路徑，但遠比不願離開的洞穴犯人奮力抵抗，最終被迫走出的洞穴口安全得多。最後我們回到教室，但學生們不願解下眼罩。視覺陷入黑暗，雙耳凝神細聽，聽見寂靜的聲音，此時一言一語都變得意涵深遠。經過這場課堂漫步，書本上的寓言是不是變得更加真實且難忘？

想當然爾，有人會說這只是浪費學生上課時間的遊戲，不但降低學習效率，還阻礙學生準備重要的高中會考。世上總會有人懷疑，就容我繼續擇善固執吧！試著花點時間，暫時失去視力吧。想必許多大人會嗤之以鼻地擺手拒絕，宣稱他們還有很多更重要的事要處理。這和那些不願離開洞穴的人有何不同？誰才是瞎子？真正的瞎子常常不是我們以為的那些人。

光的特性複雜難解，甚至能穿透黑暗。我親身實行這個「盲眼」活動後，意外發現有位同事也在剛開學時，用同樣的方法來上哲學課。我在此誠摯的感謝「法國新教育協會」，他們出版的一本合集《全能哲學家》（*Philosopher, tous capables*）中有一篇與書名同名的文章就提到了矇眼而行的教學活動。花點時間，矇上雙眼，在黑暗中往前走。無庸置疑，你也會深切體會到笛卡兒那句出自《哲學原理》（*Principes de la philosophie*）、早已傳遍大街小巷的名言：「沒有哲學而活，就像閉上雙眼，不願試著睜開眼睛。」

說到這裡，我不禁想起著名的寓言「瞎子和大象」。這個故事源自印度耆那教，它和佛教與印度教近似，但和我們熟知的西方傳統哲學大不相同。十九世紀一位美國詩人讓這個故事變得家喻戶曉：

「印度有六個盲人，他們一心想擴展見識，於是打算去『看』一頭大象，藉此滿足求知若渴的好奇心。第一個人走近大象，一頭撞上了大象又大又堅硬的身軀，他大叫：『老天爺！大象就跟一面牆一樣！』第二個人伸手一摸，就摸到大象的象牙；他小心地摸了一會兒，喊道：『哎呀！這個又圓又滑又尖的東西到底是什麼？想必這個神奇的大象很像一支矛！』第三個人走向大象，不經意地摸到捲起的象鼻，毫不遲疑地說：『我看呀，這大象很像一條蛇！』第四個人興奮地伸出手，摸到大象的膝蓋，他說：『所有的證據都顯示，這個美妙的動物就像一棵樹！』第五個人隨手摸到象耳，接著說：『就算世上最瞎的瞎子也知道大象像什麼，我也毫無疑義地說，這頭偉大的大象就像把扇子！』第六個人也伸手去觸摸，甩來甩去的象尾掃落到他的手中，他說道：『我知道啦！大象就像一條繩子！』

「這六人爭論不休，每個人都堅持自己摸到的才是大象的樣貌，根本不聽彼此說話。此時一名智者經過，不禁停下腳步，問他們：『你們在爭論什麼？』他們回答：『我們對於到底大象像什麼各持已見。』每一個人都說出自己的看法。智者冷靜地跟他們解釋：『你們說的都沒錯。你們之所以有不同見解，在於每個人都只摸到大象身體的一部分而已。大象就像你們說的，具備這六項特徵。』

「『喔！原來如此！』六個瞎子恍然大悟。他們不再爭執，很得意自己都說中了大象的樣貌。」

你們猜得沒錯，在我這一行，我們無緣和大象共處一室。因此我設計了一個異曲同工且花費很少的活動，讓我們不用花多少錢，就能坐在大象背上馳騁想像。這個活動叫做「神祕箱」：準備一個大紙箱，用紙卡把箱子內部分隔成四個區塊，並在中央放置一個物體；另外準備數種物品，分別在兩個區塊放入相同的東西。接著把箱子封起來，在箱子四面都挖一個能讓手穿過的洞。最後請學生們矇上眼，把一隻手伸進洞裡，試著對圍觀的同學描述箱子裡放了什麼東西。四位參與者需要花不少時間來統整每個人的說法，才會發現四個格子都能摸到中央物體的一部分，接著才能猜想中央到底放了什麼；就像瞎子和他們摸到的大象一樣。參與者的描述如果不夠精確或互相矛盾，大家就無法猜中他們到底摸到了什麼。

這正好為學生上了一課：寫作文時，一定要保持客觀距離，才能針對主題，作出令人滿意的闡釋。同時也讓學生學到，我們必須時時轉換角度、換個立場思考，才能挑戰各種概念，找出根本思想。

順帶提一下，參與這個活動的班級中，只有一班成功猜出箱子裡的東西。他們的作法如下：每個人摸清楚自己「觸摸區塊」的物體觸感後，四位參與者輪流摸下一個區塊裡的物品，講究方法與細節地反覆三次後，每個人才能一步一步體會別人經驗過的觸覺，並把新的觸感和前面的體驗結合起來，猜出盒子裡的內容物。這正是獲得智慧的方法。

後來，一幅大象圖掛上了牆，成了教室的裝飾品。

☆10作者註：丹尼爾・康納曼，這位認知心理學與行為經濟學的專家在普林斯頓工作。這本熱情洋溢且貢獻卓越的《快思慢想》，證明了人類以兩種思考系統來面對情況：系統一是快速的直覺式思考，系統二是比較受理性控制的邏輯式思考。本書同時揭露偏見或認知偏誤造成的各種問題，雖然直覺式思考造成的問題比較多，但邏輯式思考也不是全然正確，常受熟悉感的錯覺、光環效應、錨定效應等等影響。以上所提的各種機制，都輔以詳細的實驗結果為論據，且為日常生活、職場甚至社交關係，提出有趣的實務延伸討論。更多實例可參考塞勒與桑斯坦的《推力》以及奧利維耶・烏德（Olivier Houdé）的《學習抗拒》（*Apprendre à résister*）。

★4譯註：康德大師的酒館（Taverne de Maitre Kanter）是法國一家廣受歡迎的連鎖餐廳，以酸菜醃肉香腸鍋著稱。此處作者指學生把哲學家康德（Kant）和酒館名中的康德（Kanter）搞混，也混淆了洞穴和酒館二字，形成令人啼笑皆非的筆誤。

8
喧嘩與憤懣間，詩歌長存
Entre le bruit et la fureur, il y a... des chansons ..

畢達哥拉斯似乎深深著迷於宇宙的和諧與「音樂宇宙」觀，對他來說，數學完美詮釋了神祕細膩的美學。可惜的是，我的音樂造詣有限，我不但欠缺這方面的才能，也沒有鑽研音樂的決心。

但和大家一樣，有時我的腦中也會突然浮現一段熟悉的旋律，在心頭縈繞不止，不禁開口哼唱幾句小曲。廣告業者深知音樂長留人心的道理，只要為他們想傳達給消費者的重要訊息搭配朗朗上口的簡單旋律，立刻就在民眾腦海中留下深刻的印象。不過，在音樂成了過度消費的幫手之前，那些流傳千古的詩歌也是透過韻律，讓原本如散文般的文字變得更生動好記，也更廣為傳播。

在古希臘時代，詩歌和吟唱、音樂、詩歌之神阿波羅緊密相連，而他總是隨身攜帶一把里拉琴。希臘詩人叫做 Aoidos（法文 aèdes），意為唱歌的人，因為他們常以樂器伴奏，彈唱自己寫的詩篇。顯然，把文字與音調結合是增強記憶力的好辦法。而這些詩歌逐漸演變成現今詩律中的各種押韻法，如抑揚頓挫、固定尾韻、母音韻、頭韻等。

後來的希臘哲學家，包括亞里斯多德等人，都曾為詩學下過定義，但大部分的人卻忘了對古希臘詩人來說，最重要的課題是：在那個紙張缺乏、難以保留知識的時代，伴隨幾個簡單音符，語言的韻律就能創造令人難忘的效果，在靈魂烙下深刻的印記。基於印刷術問世後，這個古老的傳統已漸漸被世人遺忘，因此，某天有位教育界的同仁決定再次發揚光大詩歌的魅力。

試想一下，當言語消失，唯有文字留下，當紙的雪白優雅映襯濃黑的墨水，這就代表埃及文字之神托特（Teuth）為埃及王塔暮斯（Tamous）發明文字時，塔暮斯的擔憂終究成真了。文字亙古不滅，長留紙上，而我們的心靈卻愈來愈乾枯，忘卻了原本謹記心中的一切，反正有紙與文字就足夠了，何必記在腦中？

這就是「哲學之歌」（*Philosong*）專輯的由來，當代第一個以耳朵來學習基礎哲學的音樂實驗。提耶利．艾梅斯（Thierry Aymes）不僅是一名哲學老師，同時也受過專業音樂訓練；他結合音符與哲學概念，讓記誦的過程變得更生動活潑。畢竟要寫一篇優秀的哲學論文，非得先牢牢記住相關知識不可。因此，我時不時就在課堂上舉辦音樂同樂會，在熱鬧音樂的伴奏下吟詠笛卡兒的我思故我在，讓學生大吃一驚。我得承認，艾梅斯選擇的音樂並不一定合乎我的口味，但這不是重點。

往往一下課，學生們就戴上耳機，那些歌曲他們聽千遍也不會厭倦。請學生從他們的必備歌單裡選定歌曲，我們就利用現成的旋律與音調來下手。把學生分成幾組，各組從課程表中選擇一個最感興趣的主題，一起編寫歌詞，講述相關的哲學難題、最吸引他們的哲學觀點，接著把歌詞搭配上自行選擇的樂曲。學生寫下荒腔走板的詩歌，尋找同義詞，寫出爭議性十足、過度簡化的論點，大夥兒不禁哄堂大笑。熱烈討論中，時不時也爆出激烈爭執，為了堅持創作理念而唇槍舌戰，互不相讓，只想完成最令人滿意的作品。我們也藉此發掘班上平時行事低調的厲害歌手或吉他樂手，他們非常高興能在課堂上露一手自己引以為傲的才能。氣氛炒熱後，請學生高聲唱出自己的作品，一起把最棒的歌曲錄下來。誰說藝術與哲學無法合而為一？事實上，藝術與哲學往往長相左右。

我們一提到藝術文化，就會激起各種分歧。哲學的閱卷老師往往把學生心中的「文化」，外放到一個尚未正式存在但眾人皆知的類別。我說的就是所謂的「潛文化」(sous-culture)。

在這個尚未正式命名的文化類別裡，包含了動畫、通俗電影、漫畫、廣告相關的媒體和那些學生的 MP3 裡儲存的流行歌曲。不過不知為了什麼原因，少數幾部作品成了例外，身價一躍而起，變成連哲學界也稱揚不已的經典作品；比如電影界的「駭客任務」、「楚門的世界」，或改編自同名漫畫的動畫片「猶太長老的靈貓」(Le Chat du Rabbin）。難道其原作漫畫的作者尤安・史法（Johan Sfar）曾受過完善的哲學教育嗎？

老實說，當哲學作文的題目請學生闡述自身與他人間分享的重要性，一個學生揚揚自得地借用健達繽紛樂的那句知名廣告詞：「來吧，一起吃一口？」我立刻仰天長嘆。每次討論和平時，學生們居然把歷史課學過的那些聯合國成立宗旨全拋在腦後，寧願引用選美皇后法國小姐說的話，來詮釋世界和平的重要性，我也只能低頭怨嘆。

透過這些事例，難道我們就能得出「學生們欠缺藝術文化」的結論嗎？眾所皆知，青少年在學習期間不斷接觸各種重要的文化作品，在歷史課、外文與法文課上，認識各種造型藝術、詩歌、小說和五花八門的電影。那該如何解釋為何學生不知怎麼在哲學作文裡，活用這些藝術、文化知識？此外，難道我們非得貶低青少年的文化嗎？何不在他們活力充沛的創意土壤中，扎下藝術反思的根？我們對藝術既定的成見與看法，分辨何者為藝術、何者非藝術的準則，也該勇於面對不同角度的質疑才是。

畢竟，許多熱衷創作的靈魂，從未受到同時代人們的熱烈歡迎。為了貶低當代作品，人們總是宣稱現在的藝文界是經濟掛帥，好像這些經濟利益考量從不曾存在於過去的藝術界似地。但當我們回顧數百年來的藝術史，馬上就會發現，不求利益純粹為藝術而藝術的創作實在罕見。更何況現今的科技方法和傳播媒體的運用，更讓藝術相關事物得到廣大空間。

利益優先的現象在別的領域也不遑多讓，我們也可以從科學發明或流行傳染病看到同樣的道理。然而事實上，許多當代歌曲都是充滿創意的心血結晶，蘊含發人深省的內容。這些平易近人的歌曲，一個音符接著下一個音符，一個字連著下一個字，也帶著我們一步一步前行，愈走愈遠，愈來愈深刻。這已經很了不起了。

但哲學就像一個遵守家訓的女兒，而她的父親是厭惡藝術家的柏拉圖，他不只在完美的《理想國》中，把藝術家趕出他心中的理想城市，甚至把他們貶謫邊疆，獨獨宣揚數學之美。在柏拉圖學院的門楣上，寫著：「不習幾何學者禁入。」這是私人的復仇？還是無可動搖的信念？

雖然過去數百年來，許多人嘗試打破兩者的界線，且在一百年前，哲學家柏格森也提出不同看法，但哲學一直很難和藝術建立親密關係，許多人認為強調理性的思想很難與偏重感官的藝術共存。但這又該如何解釋近代蓬勃發展的「概念藝術」呢？而且，若失去感官，「概念」這一字還有意義嗎？

學生隨時隨地聽著音樂，音樂之於他們，就好像一種聲音的定向標記。無庸置疑，這是娛樂，也是逃避現實的途徑，一種脫離眼前世界的吵吵嚷嚷，告別那些絮絮叨叨的方法。而這個他們渴望逃離的世界，正是成年人依自己的愚蠢或對娛樂的品味一手建立而成。讓我們和學生一起在這片嘈雜喧囂中尋找，終將找到內在的寂靜。就算在這場尋找之旅中，免不了得聽一首司徒邁（Stromae）的歌又何妨？（他的粉絲恐怕會不滿地說，拜託，能聽他的音樂是榮幸好嗎！）誰叫我們天賦有限，無法信手拈來一段嶄新的旋律呢！

9

包裝禮物，大功告成！

Emballe, c'est pese !

許多名聲卓越的大學在出考題時往往不忘幽默；比方說，位在烏爾姆路上的巴黎高等師範學院，今年競考的哲學題目居然只有一個動詞：「解釋」。連我都不知道現今的自己是否能以此為主題，寫出一篇足以拿下高分的論文。儘管如此，我倒常常想盡辦法向學生解釋「解釋一段哲學文本」是什麼意思。這可不是容易的事。

一般人可能天真的以為只要從語源學下手，說明「解釋」一詞的意思就是「揭露隱匿不顯的事物」即可，畢竟沒有人膽敢隨意換句話說，深怕扭曲其意。這可是大錯特錯！有一年開學不久，我為此精心設計了一個教學活動，但後來想想，我應該晚一點再實行，比如十月左右就是很好的時間點。

活動的第一步是，請每位學生選擇家中一個他們很喜歡或覺得很有趣、有原創性的物品；不過，物品最好不要太重，免得不方便攜帶。接下來學生得把這個物品妥善包裝，再帶到課堂上。同時切記不可讓任何人看到自己帶來的包裹外形。接著我收集所有人帶來的物品，裝進一個大紙箱裡，讓學生們輪流在紙箱中隨機拿出一個「禮物」。

每次學生抽出一個禮物時，大家都得做出各種推測：這是誰準備的禮物？（是女生還是男生？或是某個一看就知道的人？）裡面裝的可能是什麼？有哪些支持這些推測的線索？其他人又希望裡面裝的是什麼？同時，大家花些工夫認真描述物品的外形。就像前面章節提及的，形容時務必仔細精確，在此我就不再多加著墨。

回到我們的禮物盒上。課堂氣氛一下子熱絡起來，讓人誤以為此刻是聖誕節早上的拆禮物時間。學生都知道這堂課結束後就能收回自己準備的禮物，也沒有人準備鑽石之類的貴重物品。雖然如此，大家還是興奮無比，迫不及待地拆禮物，享受意外的驚喜。大家一起發揮想像力猜猜裡面裝了什麼，接著立刻揭曉謎底，這些都帶來滿滿的樂趣。不只如此，等待「自己的禮物」成為目光焦點，也讓人情緒激動。在眾多的禮物裡，有幾個體積特別龐大，我們猜測裡面八成空空蕩蕩。有些東西只用幾張筆記本紙和膠帶固定，包裝得很倉促。有的物品包裝精美，甚至講究包裝紙和緞帶的配色協調性。有的用了透明盒子或透明包裝紙，那些僅有的不透明處仍無法阻止我們一覽無遺，一時之間忘了「包裝」與「內容物」兩者間的差距。還有些方方正正的盒子裡裝著神祕莫測的禮物，讓人猜不透裡面到底是什麼。這些令人眼花撩亂的包裝，是否只是無意義的花招呢？

並非如此，不然我們何必耗費時間精力為自己的禮物纏上緞帶？的確，我們可以用塑膠杯來喝精釀二十五年的威士忌，不是嗎？我們也可以奉上一份精心挑選的禮物，但完全不加任何包裝。或者在包裝上費盡心思，卻在盒子中裝平凡無奇的物品，這豈不正是大家都熟悉的銷售技倆？

這些琳琅滿目的禮物就像一篇篇的哲學文本。有的人把盒子包得密不透風，讓人猜不出裡面裝了什麼，就像作品隱晦難解的康德。有的人是極簡包裝的信徒，就像古羅馬新斯多噶派的哲學家愛比克泰德（Epictète）或伊比鳩魯。有人雖然欠缺靈巧的手藝，但不管在教育或科學領域都用意良善，可能就像黑格爾或柏拉圖？有些人愛開玩笑，擅用矛盾修辭法引我們誤入歧途，就像維根斯坦或盧梭。有些人創意十足，可稱為業餘藝術家，就像柏格森或尼采。我們可以盡情發揮想像力，作出各種比喻。

每個作家都在自己的文本中——禮物盒裡——裝了他很重視的事物：他的論點，他的看法，他想要捍衛的觀念。這個重要的事物可能無害或無趣，也可能令人震撼或創意十足，然而無人能夠一眼看出。有時我們從包裝的外形很容易就猜到其中的物品或領會作者的用意，有時則困難重重。包裝的複雜程度，影響了分析的耗時費力，不過這些時間與心力都是值得的。我們用心觀察每一個學生的禮物，找出其使用的方法，並依此找出對應的哲學觀點，看看大家聯想到哪一位名家的寫作風格。

仔細看這個小心翼翼被包成球狀的禮物，閃亮的包裝紙配上漂亮緞帶，非常賞心悅目；大家從它的外觀形狀和包裝材質都猜不出內容物是什麼。學生投票表決，一致同意這必定出自女生之手。而從包裝精美的程度看來，她可能愛好造型藝術。打開這個包裹的任務落到珊卓琳身上，她興奮的手腳俐落地拆開包裝，但她一看到裡面的東西就突然停住，喜悅驟然消逝，反而一臉尷尬。

「廣大的觀眾朋友」屏息以待，恨不得趕快揭曉這個神祕禮物到底是什麼，但珊卓琳卻猶豫不決，遲遲不把裡面的東西拿出來。在同學的鼓噪之下，她面露窘色地終於把這個特別的東西從美麗球體裡拿出來，原來是一個保險套！

到底是誰策畫了這場鬧劇？一個愛好運動、對藝術毫無興趣的男孩，一名乍看之下，不太可能為作業付出多大心力的學生。這又是一個提醒我們拋下成見的機會教育。

這名學生後來有沒有成為擅於評論解析文本的專家呢？或成為一個醉心哲學的愛好者？當然沒有。那他的同學呢？經過這堂新奇又好玩的哲學課後，他們是否更懂得怎麼「解釋」？或者經過或短或長的時間之後，他們是否還會對我不按牌理出牌且令人開懷大笑的教學風格留下深刻印象呢？督學恐怕會說：「毫無影響！」但我寧願相信：「說不定喔！」

10
哲學小說與合作
Philofiction et coopération

真實生活中，我們不免遇到一些難以面對的事件或缺憾，也許是親友突然過世、朋友的背叛、導致身體癱瘓的大病，一旦嘗過令人輾轉反側的痛楚，疼痛的滋味就如影隨形，難以痊癒。人生總難免遇到狂風暴雨的逆境；比如我童年那台不顧一切，只為一親梧桐樹芳澤的輕型摩托車；又或者像我一位朋友的父親，遭遇公司破產的事業挫折後，選擇自盡了結餘生。我們常以為書本描述的故事和現實生活沒有直接關聯，甚至斥為無稽之談，不夠貼近現實的危險，欠缺教育性。

我已經忘了第一個不靠別人幫忙、自己讀懂的故事，也忘了文字如何一步一步在我的心上攻城掠地，留下深刻的印記。但對我來說，自從經歷那個神祕時刻，我就再也無法停止閱讀，總在字裡行間中觀察這個世界。我迫不及待地閱讀身邊所能接觸到的一切書籍，有時難免受限於環境，無法自由選擇，甚而誤闖未知或費解的領域。今日我不得不感謝過去這一段對文字與墨水的愛戀。有時我翻開一本小說，以為它將帶我飛往另一個全新世界，但它反而讓我看見真實人生。

今日，在我記憶深處，依然無法忘懷那種沉浸在章節中，得到嶄新啟示的感覺，那些在心中永恆不滅的印記。如果說，那輛輕型摩托車行進的節奏，揭開我人生漫漫哲學路的序幕，而接下來，它就領著我面對一連串複雜的境遇變化。在這條存在之道上，海德格或者會說它並不會通往任何地方，而不管我們願意與否，都難免面對決絕而突然、足以讓一切剎那停止、無法回頭的死亡，或不公不義的時刻。

無庸置疑，就是因為這兩個我十分珍視的主題，促使我閱讀喬治・歐威爾（George Orwell）和赫內・巴赫札維勒（René Barjavel）的小說，我認為他們的作品結構深具哲理。在這些獨樹一格的故事裡，讀者一步步發掘普世追尋的真理，甚至比一些理論書更引人入勝。不只如此，有些未來派漫畫家，比如墨比斯（Moebius）或尤杜洛斯基（Jodorowski）在合著的《銀河活寶偵探》（*L'Incal*）系列中，不早就預言了今日矽谷的百萬富豪為人類設計的明日世界，一個什麼都可能的世界？既然現在科學和小說的分野已愈來愈模糊，甚至已經緊密相連，何不讓藝術與哲學、文學與思想合而為一？這讓我靈光一現，向學生提議一些前所未見、介於真實與虛幻之間的主題，期許這場通往虛幻的小小「繞道而行」，反而成為學生走向哲學質疑之道的捷徑。

下面的範例就是我設計的一項教案和作業：

「我們來到一九四二年，巴赫札維勒剛回到巴黎，此時他的小說《廢墟》（*Ravage*）已快完成。然而，接下來的一場時空錯亂打壞了他的計畫。歐幾里德（Euclide）、托勒密（Ptolémée）、拉瓦錫（Lavoisier）、孟德爾（Mandel）、魏格納（Wegener）突然現身在巴赫札維勒眼前，下定決心要說服巴赫札維勒改寫他的小說結尾。他們同心協力，打算向巴赫札維勒展示各種科學知識和科技應用不但能造福人類，還能提升人類。半信半疑的巴赫札維勒會提出他能想到的各種合理反論來質疑他們。

請先研究出場人物的各種相關資料，接著想像他們之間的對話內容，最後，也可以請出喬爾達諾・布魯諾（Giordano Bruno）一同參與這場爭論。

請分組進行這場活動，寫一份對話內容（至少四面，最好更長），同時準備十五分鐘左右的口頭報告，在學期結束前上台報告。

除了分組作業，也請每個人在一張紙上寫下本活動過程中遇到的難題、疑問、意見和各種省思。」

於是，這些哲學界的初生之犢在接下來的數週內一路前行，探索各種可能的哲學疆域，輕佻地在古希臘與十九世紀間來回穿梭，從煉金祕術的實驗方法到幾何學的奧祕，從巴赫札維勒的書桌跳到想像力的邊界。當然，每個人都用不同方式、不同角度來切入這個時空錯亂的場景。有些小組很難取得共識，無法在合作過程中發表具建設性的意見。反之，有些組則熱情衝勁十足，全然忘了這是令人不快的必交功課。

所有的學生都忙著收集資料、分析研究，而當組員各自堅持己見時，也不得不做出讓步。畢竟職場上或人生中，我們都無法隨心所欲地選擇共事者，只能在狂風巨浪中同舟共濟，向前航行。

每組最後的成果，取決於成員之間認真度與好奇心，有平庸無奇的作品，但也不乏優異精采的佳作。但，我們能夠簡化地說這些作品就忠實反應他們從活動中所學嗎？從每個學生交回的反應單，就能看得出來這種說法太過偏狹。在一般老師講、學生聽的課堂上，或披著「討論」外衣的「偽討論」課上，老師常自以為握有控制權，但一旦實行分組活動就必須放棄這種錯覺。

當學生依照組別聚在一起討論，就像一艘艘擺盪的小船，而老師就在小船間穿梭指導。當老師陪伴一組同學討論時，別的學生可能無所事事、浪費時間，忙著閒聊這個週末或下個週末的計畫。但有些時候，一群學生忘卻班上的嘈雜而專心討論，一種既脆弱又美好的親密感慢慢萌發，凝結出一種無法言喻、若隱若現的氣氛，在言辭之間或陷入深思的沉默中蔓延開來，我們該怎麼記錄這神奇的時刻？當然，這分享的默契專屬於同組內的學生，不會擴散到全班。但就是這種特別且莫測難解的特質，造就了強大的力量與詩意。

這份既不能歸類於「哲學論文」，也不屬於「文本解析」的假想對話錄作業，以學術要求層面來看，有什麼意義呢？一般作文很講究對概念的精準瞭解、邏輯能力與客觀態度，但從這份分組作業中，能看到這些重要特質嗎？顯然，這些不得不暫置一旁。

在教育機構的限制下，寫作常常淪落為欠缺新意、失去靈魂的陳腔濫調。也許這份分組作業正是找回文字生命力的機會。活潑生動的文字會促進人的思考，刺激與自我的對話。畢竟，連偉大的柏拉圖都選擇以對話的形式來寫作，而尼采則以格言形式來寫書。為什麼高中會考不但限制了寫作形式，還認為這是有助思考的最好方法呢？

但想像一下，若不加以限制，說不定會有學生打算以一幅漫畫來作為高中會考的應答作文呢！不過轉念一想，現在作文的出題方式，往往迫使學生整理一長串能應用穿插在作文中的名言語錄，死背那些囫圇吞棗、不明究裡的課文，甚而為了硬要加入某些理論，而寫下扭曲作者原意的矛盾觀點，一幅漫畫難道會比這些流於形式的寫作更糟嗎？

今日的哲學家都繼承了早期哲學家的智慧。可嘆的是，以萬能的理智宇宙之名，我們漸漸把那些驚人的希臘思想先驅視為年代久遠的歷史。然而，這些哲學家自由地穿梭於現實與想像的邊際，在理智與熱情間穿梭，既狂野又睿智。於是我們像羅傑－波爾・德洛瓦（Roger-Pol Droit）、第歐根尼（Diogène）或伊比鳩魯一樣問：是否必須先當瘋子，才能成為智者？我就讓各位酙酌自己的答案吧！

不過，就我的觀察而言，在哲學教程裡，想像力的重要性常被漠視。若真如帕斯卡所言，想像力雖然欺騙人心，但亦能揭露真相，（帕斯卡寫過：「人身上，最虛妄的就是想像力，它兼具謬誤與虛假的特質。但更讓人迷惑的是，它並不一定老是欺騙。它若真是謊言的可靠基準，那它同時也是真相的可靠基準。然而，雖然想像力多半虛假，但難以找到其虛假特質的線索，總是虛虛實實，亦真亦假。」）那麼，我認為全然排除想像力，不免有失公正。

想像力不只引領人類找出解決技術與科技問題的革新辦法，同時也為我們開展了各種可能性，改善真實生活中的惱人困擾。想像力並不是清晰判斷力的敵人，反而是理性的夥伴，它為現實帶來嶄新的光芒與靈性願景，這些正是我們消費主義至上的社會所欠缺的。

在今日，宣稱人類具備超越自我、登峰造極的能力，難道還是天方夜譚嗎？我毫無猶疑的將哲學與虛構小說合而為一，乃因在我之前，已有很多人這麼做過。我們天性就愛聽故事，特別是那些激勵、啟發人心的好故事。透過故事，我們交換有用的資訊，讓聽眾和說故事人建立認同感，懂得換位思考，同時，讓我們在遇到類似難題時，更容易找到解決困境的好辦法。

成功的故事往往既生動有趣，又有啟示性。它們就像飛行模擬器，讓人們在真正經歷前，事先模擬可能情境。透過故事來認識哲學，難道不是好方法嗎？這應該會讓人更容易瞭解哲學裡的種種存在性詰問，不是嗎？難道哲學會因此失去其崇高性嗎？

而且，不管是哲學或其他科目，不管主題為何，分組活動還具備其他特質，能刺激我們的反思能力。不過，身為老師，我們必須具備勇氣或在無意識下，進一步延長分組討論的時間才行。如果好幾堂課都以分組方式進行，所付出的代價也愈來愈高：會不會有一名學生真打算白白浪費時間？或讓其他組員為了他浪費時間？更何況這是一份計分作業？當一名組員正忙著完成別科的遲交作業，沒空參與分組活動時，其他組員的反應為何？讓他自生自滅？還是幫他收拾殘局？或者在交作業的時候，把他排除在組員名單之外呢？

當我們討論這些重要的相關原則時，許多學生都顯得侷促不安。他們不得不坦白深切捫心自問，而不是發表理論。他們必須基於自身的價值觀及日常作為來自我質疑。他們立刻發現，知與行之間往往存在巨大的差異。比方說，有人臉不紅氣不喘地說：「如果我不寫作業，那也只是我個人的問題罷了。」但他不得不承認，個人作業與分組作業大不相同，當他不參與分組作業時，立刻影響到其他同學的權益。反思自身與他人之間的關係，看來很基本但很實際，為哲學教程裡的「他者」（autrui）一詞帶來真實具體的意義，而不是流於過為天真的想像。

為了讓分組作業的長期問題慢慢浮現，藉此刺激學生的思考，教師不得不放任一些組別陷入「迷失」之境，任由他們百無聊賴地無所事事，克制心中恨不得出手干預的衝動。傑哈・德・維奇（Gérard De Vecchi）在其著作《知識的建構》（*Faire construire des savoirs*）提及下面這個小實驗。在幾個月大的嬰孩前方放置一個好玩的物品，確保嬰孩必須移動才能搆到物品。接著，請一名大人進入房間，和嬰兒相處一段時間，同時觀察大人的行為。大人經常在嬰孩表現出對物品的興趣之前，就會把物品移到更靠近嬰孩的地方，因此嬰孩完全不需要花費力氣也無需表達意願，就能取得物品。

大人的行為當然是出自善意，但這個行為卻抹殺了孩子自行尋找解決方法的動力。事實上，廣泛豐富的學習才能為孩子帶來最深刻的滿足感。但成人中，最不願意讓學生從錯誤中自尋出路的，恐怕就是「老師」了。

因此，不如放手讓我們的學生們踉蹌前行吧，至少讓他們花點時間摸索一下，通常就能自己找到出路。如果能讓全組成員找到自己的容忍極限，就算最後交出令人失望的作業，也未嘗不是件好事。如果我們能藉由分組作業的機會，讓學生或多或少更有自覺些，這也算是機會教育。雖然有時老師只是自以為在課堂上握有掌控力，但不管你相不相信，這種自願的「放牛吃草」，對習慣掌控的教師來說，真的不是容易事。心中的罪惡感鞭笞著你，外加害怕浪費自己和學生的時間，擔心會有拒絕參與、堅持「自己的作業自己負責」的學生……這些都足以讓最樂觀積極的老師不願分派分組作業。

然而，每當有人「陷入死胡同」，這不管對學生自己或老師來說，都能突顯人與他者間的微妙關係，價值觀的衝突，與大多數人持相反意見時，難以擇善固執的困境，以及人容易陷入慣性與放任的傾向。以一言概之，這就是柏格森說的，「良知睡著了」。

如果吉姆・豪登（Jim Howden）[☆11]所引領的數項以加拿大為主的研究，真有道理的話，那麼以取得資訊的角度來說，分組作業的效率比個人作業大得多，但這和我們習以為常的教學慣例南轅北轍！我還記得下面這個場景：有一年，有人請我以「分享」為主題，為初中一年級的學生上一堂哲學入門課。受到頂尖數學與教育教授傑克・尼米埃（Jacques Nimier）的啟發，我設計了一個趣味十足且適合十一、二歲孩童的活動。我請學生隨機兩兩分組，接下來的十分鐘，兩個人同時在一張紙上作畫，同時兩個人一句話都不能說。（我常讓高三學生進行同樣的練習，藉此思考「他者」的意義。）

實驗結果令人震驚。有些人立刻在紙上畫出中線，設下各自的畫圖區。有些人則一起在紙上畫畫，還有些人爭吵不休。我並不認識這個學校的任何一個學生，只有在哲學課開始前，由班導師向學生們簡短介紹一下我的身分。某個班被形容為「好班」，學生活潑且充滿好奇心，有問有答，而且平均成績傲視全校。當我在這一班進行哲學問答活動時，學生的表現的確比其他班級更好，但在分享活動中，他們的表現卻最差。他們對這個活動的反應很有代表性，第一對領到白紙的學生立刻把紙切成兩半，完全不想「合作」，而接下來的五對同學也馬上如法炮製。

不過，只有這個班級的學生這麼做。而那些急於把紙切開的學生，有些人根本沒在紙上畫畫。當我詢問他們，既然不想畫畫，那為什麼不把整張紙留給想畫畫的夥伴，他們的答覆是：「這一半是我的耶。」就算這張白紙最後會被丟進垃圾筒，他們也不會因此而讓對方獨享。當然，我不會因為這一班令人失望的表現，就說初中一年級的六個班級都是如此；但這促使我下定決心：「把虛構小說和分組合作加入教材中吧！放手試試看吧！」

畢竟，我們這個經歷各種發展的複雜世界，愈來愈需要專業的分工合作。不管是創造疫苗，有效促進疫苗的普及度，發想替代的新穎經濟結構……皆有賴各界攜手合作，瞭解彼此信任的重要性實是當務之急。而身為教師的我們，是否也能大方地信賴彼此，互相幫助呢？

常常相信自己可以單打獨鬥的我們，卻忘了團結就是力量。

☆11作者註：吉姆·豪登以協力合作的學習為主題，在加拿大的成納利艾教育出版社（Chenelière éducation），發表了數本相關書籍。豪登顯示這種學習方式包含了六項重要元素：學生分組、正面的互相依賴、個人責任、合作技巧、客觀與評估，以及師長的角色。同時，他也根據實驗結果指出，學生會更容易記得透過合作而獲得的資訊，也更容易把所學習的內容，經過適宜調整，活用於生活中。

11
複製貼上，就是剽竊！
Copier, c'est collé !

當今，有些卓越的哲學家和科學家認為，數位世界的崛起徹底革新了我們的日常生活方式，正如印刷術在十五世紀興起一樣[☆12]，甚至可與六千年前文字的發明相比擬。知識向外流通傳遞，讓人們學習的重點技巧從融會貫通、銘記於心，轉為構建自我通往外部知識庫的入口。可惜的是，我對各種科技革新瞭解不深，就讓更專精此道的人去評斷這些發展吧！

不過，有件事倒是清楚明白：以前，學生們為了作文苦惱不已時，參考歷年的論文題庫詳解是誘人的選擇。如今，若學生勇於拒絕機械性「複製貼上」的美好魔法，簡直可譽為萬裡尋一的英雄行徑！

想像一下：你的老師出了一個作文題目給大家當做家庭作業。這項作業的宗旨是訓練學生針對主題，找出其隱藏的疑難雜症，編寫一段引言，接著用一千零一種方式來抽絲剝繭解開這主題的各種面向與意涵。這才是哲學的真正核心。雖然學生們不用向愛迪生或亞里斯多德這些前輩看齊，當個焚膏繼晷的工作狂，但在高中會考前，適當的思考訓練和規律的寫作必能帶來莫大助益。眾所皆知，消化知識的自然過程就像體能訓練一樣，需要定期「暖身」才能運作流暢。

不過，我們忘了考量網路的威力。網路上散佈各種由專人編寫的論文範本，還有哲學輔助學習網站。有些人是出於互助熱心而建構網站，也有很多人則是相中商機，藉此謀利。於是，一場天人交戰熱烈展開。當電視節目、線上遊戲或臉書帳號急切地呼喚我們，此時只要點擊兩下滑鼠（有時再加上幾歐元），就能不費吹灰之力拿到一篇免費作文。多少人能拒絕這種誘惑？恐怕寥寥無幾。只要這裡一段、那裡一段，選擇、複製、貼上，再從別篇文章擷取幾句話即可。但學生手法拙劣，常常在專家寫就的優雅句子後面加上一句自己粗製濫造的句子，更顯不倫不類。

只要十分鐘就大功告成啦！人們往往用下列兩種方式來自我安慰。第一，瀏覽網站內容時，一陣熟悉感油然而生，好像自己一眼望過去，立刻領悟內化了這些文字。如果良知繼續折磨你的內心，那就出動第二種想法吧！反正這些內容大大方方地放在網上，供人閱覽取用，因此，像我這樣善加利用算不上作弊吧？事實上，學生藉此真的幸運獲得的是，免於自我質疑的大獎。

沒有質疑，就沒有煩惱。不用面對令人不知所措的擾人困境或難堪處境。但沒有懷疑也沒有驚奇，因此也沒有哲學。其他科目的老師，特別是數學或法文教師，也常常遇到同樣的難題。我們竭力冷靜面對，但還是常常亂掉陣腳。我們試過不對家庭作業評分，把家庭作業的分數比重降低，甚至乾脆不出作業，全因這場「複製貼上」的追逐戰費力耗時，又得不到多少實際效益。

想必會有不少熱心人士建議我們，在開學的家長會談中，和父母討論這種現象，老師與家長一起合作打擊剽竊，請父母注意孩子在自家中的行為。這似乎是個好主意，但執行上卻困難重重。第一，必須確保大部分的父母願意出席親師會；第二，父母得經常注意孩子的電腦使用習慣，而且當孩子在寫作業時，他們得陪在旁邊，而不是自顧自地玩手機，忙著自己的事。

因此這幾年來，我試圖出一些不按牌理出牌的家庭作業，來避開傳統作業的困境，同時對學生有所助益。我要求學生自行創造一些東西，刺激他們至少動動腦，引導他們寫一些短文，並從中獲得一些樂趣。如果不考量後果的話，乾脆不出家庭作業當然容易多了。我提出一些特立獨行的指令，迫使學生花點心思來解讀臆測，好讓他們踏出思考的第一步。為了讓學生能夠在一年後獨力完成一篇完整的作文，每一份作業主旨在探索寫作過程的一個階段。若我無法引領這些「哲學新手」變得更有智慧並確保在高中會考中拿下不錯的成績，那我只能希望，這些作業能為他們帶來一些珍貴且真實銘心的自我省思。

家庭作業範例一：

「思考之徑」

有天，卡爾・雅斯柏寫下：「哲學，就是不斷前行。」漫步走向智慧或真實，走向知識或泰然從容的境界。許多哲學家和作家以此意象來形容哲學之道，哲學家就是永恆不倦的旅人。

不管這是場流浪抑或朝聖之行，漫遊漂泊、隨興散步或宗教之旅，旅行是不是促使人更擅於思考呢？別忘了，在哲學方法中，少不了「步驟」，這一切老跟「邁步」脫不了關係……

因此，你們得要體驗的就是「走路」，踏出一步，接著下一步。慢走或疾走都無妨。走一次、走兩回，請依照自己的需求來決定走幾遍。然後，請描述當你們走路時，內心有哪些體會，以及所有浮現於腦海的疑問。跟隨這些疑問，一步步走下去，不要一遇到障礙就繞道而行。祝大家一路順風！

先看看馬修的短文吧！他寫道：「行走同時需要體力與耐心。在我們這個迷戀舒適與消費的社會，這兩種美德已被遺忘。拉洛依—葛漢（Leroi-Gourhan）曾說過：『足為人之始。』現在，我更明瞭他的意思。……死板的生活讓人停滯不前，不再進化，不只造成學識衰退、好奇心減弱，也使創新不再。」

夏綠蒂則寫道：「我不斷地走，直到障礙物阻擋了我的去路，這種情況屢見不鮮。人們不得不另尋出路、改變計畫，好繞過障礙。人生也是如此，人們就是由克服挑戰來建構自己的個性與獨特性。……每個人用自己的方式行走，用自己的方式思考，但在一個由軍隊掌握實權的世界卻不是如此。在那兒，大家都以同樣的韻律踏著規律的步伐，抹滅了多元化與個體性。」

瑪琳的文章令我大為驚訝，不常發言的她寫出了平時無法訴諸言語的心聲：「我在森林間前行，隨著我的腳步，感到腳下的草被壓彎、壓扁，我在路上留下短暫的足跡。我很喜歡這種感覺，這是我，我行經此處，我的足印就是我存在的證明。……下雨了，我看著沿著窗戶滑落的雨滴。每滴雨珠都在玻璃上留下由上往下滑落的痕跡，瞬息即逝。這讓我想到人生，每個人創造自己的道路的同時，也行過前人留下的足跡，仰賴前人的言語和行為而前行。我們試圖留下痕跡，接著消失。……當我花點時間認真走路時，我注意到自己改變了平時走路的方式。從現在開始，當我總是滿心喜悅地走路回家，這是一個和自我對話的時機。我為自己的步伐下註解，為走過的路帶來意義，當我行走時，我深刻地感到自己活著。最後，行走是放下，是隨興而行。讓步伐引領我們，讓思緒引領我們，跟隨那些一直存在，但平時令我們困擾而被置之一旁的疑問，一步步前行。」

另一個家庭作業的題目如下：

你們還記得第歐根尼嗎？若面對一名謾罵他的禿頭者，第歐根尼想必會大方地回答：「我替你的頭髮高興，它們終於告別這顆骯髒的腦袋。」（出自德洛瓦的《大智若愚》（Fous comme des sages）一書）我們常說，哲學是門複雜的學問，必須像把頭髮切成四段一樣雞蛋裡挑骨頭，有時還讓我們煩惱得扯斷頭髮。

接下來，你們要完成的功課如下，你可以做一次或重複數次（但務必在自己變成光頭前停止）。請拔下一根頭髮，把頭髮切成四段。

請描述拔頭髮這個動作，之前、進行過程、和之後的感覺，並列出進行時，腦中冒出的種種疑問。請盡量詳細闡述問題和你的思考過程。

平時總愛在課堂上塗鴨的尚・伊夫，這回總算用文字表達自我：「在拔下頭髮之前，這場體驗就已開始。我等待痛楚的到來，雖然我明知拔頭髮造成的疼痛微乎其微，但我渾身不自在地踏上這場實驗。這是否就是羅素（Bertrand Russell）對哲學的搖擺態度呢？……抗拒一陣後，我終於拔下一根頭髮。拔下頭髮，就像修習哲學一樣，一定要先把腦中既有的概念、成見排除。……我把這根頭髮切成四段，這是一個無法挽回的動作。每一天，我們都會做出許多一旦做出就必須承擔所有責任的事情。修習哲學，就是意識到我們的責任。這也是主宰人生、成為行動者的表現。」

接下來讀讀希麗雅寫下的幾句話：「拔下一根頭髮。我擁有濃密的頭髮，但這並不代表我可以隨心所欲地拔取頭髮。想像一下，把頭髮代換成人類。地球上住了七十億人，這是不是代表我們就能輕易地任由一些人死亡？……我意識到，只要花點心思注意髮絲這樣的瑣碎小事，也能在心中激起質疑與省思，同時發掘許多事物間的關聯。」

阿蕾西亞正為了自己的頭髮打一場意識聖戰：「我不假思索就把這根頭髮分成四等份。我突然強烈意識到自己做下了『錯誤決定』而住手。一定要把頭髮切成四等份嗎？我察覺一件事：我早就停止思考。我告訴自己，在最隱微的行為裡，就算一個沒有任何影響力的動作，也能發現我自己正無意識地服從所有社會規範，連問也不問就遵守一切規則。」

最後分享一下第三項家庭作業，一起來趟精神之旅吧：

何其幸運！你們贏得樂透彩的頭獎！不過，你們參與的這場樂透彩與眾不同。大獎獎品是什麼？一場旅程。目的地是哪裡？烏托邦！

想當然爾，你們歡天喜地。請你們仔細檢視通知信提到的資訊，信裡面還附了旅遊票券。但通知裡只有一項指示：前往烏托邦時，你們只能攜帶一個中等尺寸的紅色旅行箱。

烏托邦位在何處？是什麼景象？你們將在烏托邦待多久？烏托邦使用什麼語言？通知信裡完全沒提到這些資訊。

你們只能憑空想像，或多或少的揣摩細節。不過，你們必須詳細描述自己將帶哪些必備用品隨行，打算在紅色旅行箱裡裝些什麼東西。

我根據這個題目也寫了一篇短文，節錄如下。雖然不太學術，但我相信其中的幽默一定能吸引不少見識豐富的讀者和聽眾。我和學生一起讀著這篇文章，作出各種註解、討論，有時也提到學生的作文內容，就像聊著一場師生同遊的旅行。每個人都完成這份家庭作業，一起參與這場烏托邦之旅。學生大方分享了自己的夢想，自己的烏托邦和自己遇上的難題，全班一起走進哲學概念的中心。

藉由家庭作業，享受一段烏托邦之旅。

先來個前情提要：人們時不時就會幻想一座理想城市，象徵理想社會的縮影。人們早已想像了一個革命性的都市形態，期許理想城市具備改善社會的影響力，從生活方式、工作、教育到人際關係。從古希臘開始，人對完美城市的渴求就已萌發，這種渴求不只存在於柏拉圖的作品中，更早之前，建築師希波丹姆斯（Hippodamos）在著作中也提到理想之城的概念，並且在重建米利都（Milet，西元前494年）時，落實這些想法：依居民的社會階級，把城市分成三部分，安置廣場，街道以幾何形狀分布……這些特徵在後來的許多城市中都看得到；比如十世紀的杜林，和十八世紀末的華盛頓或紐約。（摘自提供給各位同學的「烏托邦」相關資料）

雖然我們已經花了很多時間探討社會結構與烏托邦之間的關係，但我們不妨再更深入的討論一下，溫習一下之前你們學過的內容（請參考去年研讀過的小說《保羅與維吉妮》（*Paul et Virginie*）一書）。我們也可以藉由這次練習，再次鑽研這個我們已討論過的語言主題，或者思考一下金錢關係是否為建立人際交流的適當方式。你們之中不少人提到烏托邦共用一種語言，事實上，共用語言已經存在了，那就是數學，但數學無法完整表達情感方面的字彙。十九世紀末，傑出的柴門霍夫博士（Zamehof）創造了世界語，目前有數個國家使用世界語（請參考法國的世界語網站）。但我已跟你們提過，這次的家庭作業以研究相關資料為主，找出各種不同看法，因此盡量嘗試不同角度的觀點比較好，我會在下面提供一些方向。

不過，先來唱首小曲吧！

往前直行　歌手：帥氣牛仔

準備吧，小男孩！

探險的路程遙遠，

就算我們無法活著回來，
我們也只能往前直行。

當他個子還小，
連桌子也搆不著時，
他就被推出搖籃外，
背上小行囊，
他毫無經驗，
他將踏上人生的第一步，
他才剛降臨這世界，
就必須面對自己的天命。

第一個挑戰就是，
越過這條小溪，
雖然還只是個小孩子，

在那兒，連他的家人
恐怕都會發射魚雷攻擊，
我們將知道他是否
能駕船通過時間的考驗，
或他只能在滿是裂縫的小舟上
賣力划槳。

（副歌）
接著踏上這條必經之道，
在這有時躁動的森林裡，
當人們忙著尋找道路，
卻總在內心深處迷路，
唯有走出這條小巷，
才能走上康莊大道，
或者大膽迎向未知，

另闢蹊徑。

（副歌）

最後險惡的山嶽就在眼前，
上坡路荊棘遍佈，
只要克服就能取得光輝的勝利，
但一旦失足就不堪設想，
只有少數人曾成功登峰，
插下旗幟，迎風飄揚，
大多數人只能中途放棄，
遺忘登峰的夢想。

（副歌）

到了回顧過去的年紀，
最重要的是你心滿意足。

人生中，每個人都盡力往前，
一切取決於我們擁有的工具，
每個人都想發號施令，
無奈僧多粥少，
不管我們身形瘦小或高大，
唯有堅強，才能走過人生。

祝大家好運！

當然，身處教育體系的我們，在高中會考的作文中引用波特萊爾的詩作《邀遊》（*L'Invitation au voyage*）效果會更好，但上面這首歌曲更中肯扼要地道出旅程與人生的相似之處。烏托邦是一個地方，一座不知位在何處的城市，但它其實就在我們眼前，我們一步一步以每一個行動搭建自己的烏托邦，但我們從來無法預先知道，它是否真能成為我們期望中的模樣。在公路旅行或公路電影中，隨處都能發現旅程與人生的譬喻。（參考傑克．凱魯亞克（Jack Kerouac）的小說及同名電影《在路上》（*Sur*

La Route))

管理控制並規劃安排一座城市，就像管理控制與規劃安排人生一樣。不然我們就會像身處四處漂流的小舟之上，隨著機緣與水流載浮載沉，與那艘沉沒的梅杜莎號上遭逢海難的可憐人一樣。這艘遭逢不幸的巡防艦啟發了畫家傑利柯（Géricault），讓他畫下巨作「梅杜莎之筏（La Méduse）」。我們門前的烏托邦，其實並不是一個目的地，而是我們在現實世界裡，依照各自價值觀形塑的生活方式。不顧一切進入烏托邦，暫時離開現實，往旁邊踏出幾步（這句獻給青少年最愛的奇幻故事作家皮耶．布特羅（Pierre Bottero）的書迷），或者跟著德洛瓦，一起穿過旋轉門……

我們所參與的抽獎活動，豈不有點像人在莫名其妙中就被「丟入」人生一樣嗎？我們獲得了生命。我們是否一直意識到活著、生而為人，是一種難得的機會？到底是誰賦予我們生命？至今這仍是難解的謎題。而人生的樣貌為何？這問題更是艱深晦澀。誰陪伴著我們？我們是否帶了行李，好幫助我們在人生路上前行？自出生開始，我們是不是扛著又重又大的負累，還是輕盈如風，行囊裡簡直空空如也？

我們是否知道如何適切裝滿行李？又該如何清空裡面的無用物品？或者甚至懂得暫時或永遠拋棄行李？不去理會憂心那種有時會在解放捨棄過程中浮現的猶豫悔恨

感？我們也可以把這趟旅行視為全體人類歷史的隱喻，為了成功達到人類世界的全盛而前行不懈，為了完成實現自身的人性，抑或是尋求自我極限而奮力向前。

的確，在面對作文題目時，我們必須再次翻轉陳規舊習，改變自己的立場，循著各種多元而有難度的方向去思考。但當我們投入時，仍不免自問，到底要做到什麼程度呢？這終究只是一份必交的作業，即使內容形式可以很有彈性。而這份作業又能帶給我什麼收穫？我是否也躍躍欲試，將完成這份作業當成樂趣？如果這份作業對我個人毫無用處也沒有直接的物質誘因，這還算是工作的一部分嗎？也許我能藉此更瞭解所謂「工作、作業」的意義……我不禁想起在奧斯威辛集中營的入口處，以德文寫著：「勞動帶來自由」（Arbeit macht frei），多麼諷刺的景象！想必連最有教養的希臘人也難以忍受這種褻瀆，畢竟古希臘人認為人不該勞動，古希臘文裡工作勞動這個字的押韻根本就與獸性相同。當然，奴隸制度早已正式廢除。但此刻，我仍無法確定工作並不是剝奪自由，而是帶來自由……

這份作業一開始就困難重重，既棘手又令人著迷。雖然不得不把一些限制納入考量，我仍保留了很大的操作空間。我握有選擇權，我能把玩各種可能性。但紅色的行李箱很困擾我。如果我討厭紅色呢？或者我想多帶幾個行李箱呢？我重讀一遍最初的指令全文，然後又再讀一次，確認一下上面並沒有說我不能帶別的手袋或行李，也沒提到行李箱的「外殼」非紅色不可。我很開心找到可以善加利用的破綻，幫助我多少避開麻煩的限制。要比聰明的話，我仍舊技高一籌！畢竟，沒有禁止的就該被准許，不是嗎？玩玩文字遊戲，說不定是讓我們更自由的方法！想一想，說不定我所擁有的可能性比自己意識到的還多，只要我多動動腦筋。不過，費盡心思換取一點自由，值得嗎？而且這種自由說不定反而令人無所適從。也許，一個中型的紅色行李箱就夠了，大家都會帶的行李箱，它適合所有人。即使我不再介意紅色行李箱，我還是可以探討其他多樣化的觀點，有許多自由空間任我運用。我該怎麼做呢？假如什麼都不做那就太可惜了。好了，別再說笑了。我必須決定計畫，瞭解自己想要什麼和為什麼，藉由有用方法來執行。瞧瞧，這豈不就是我在就業生涯指導時，提過的作法嗎？行李箱中裝了過去和現在，我們將以此來創造未來。

放眼未來，從此刻想像往後，思考我所經歷過的一切好搭建我的下一步。往後看，是前往回憶之地的旅程，就像往前看一樣，兩者都是一種時間錯移，正如前往烏托邦是一場走向夢想國度的漫步。活在現在，同時跳脫當下，好像有了分身似的，這就是所謂專屬於人類的「反思意識（conscience réflexive）」，就像思覺失調症也是專屬於人的症狀一樣？

正是如此。若我們並不完全活在當下，還能夠活得快樂嗎？如果一部分的我們永遠活在別處，沉浸在過去或未來之中，我們如何能真正享受當下的一切呢？我們是否必須像帕斯卡一樣作出結論：「我們從未思考此刻，如果我們想到當下，永遠是以當下設想未來。現在永遠不會是我們的目標，過去與現在是我們的工具，唯有未來才是我們的目的。如此這般，我們從來不曾真正的活著，我們只是期待活著。當我們一直期待快樂滿足的那一刻到來，我們從來沒有嘗到真正的快樂。」的確，人常常失去快樂的心境後，回顧起來才明瞭那一刻曾是快樂的。或者正好相反，我們多少可以理解，有些快樂其實存在於這種時間錯差的距離之中：我可以隨時任意回想起所有的美好時刻，即使那些快樂時光已經是很久以前的記憶。相同的，我在快樂真正到來前，早已滿心喜悅，就像帶著迫不及待的興奮心情盼望聖誕節來臨的孩子一樣。

過去與現在的時空差異，回憶，夢想或想像，其實具備一樣的本質。想像力融合了可能性與真實，渴望與理智，奢侈狂想與現實結構，包含了一切極私密的個人領域。天馬行空地放手實驗是創意與藝術的必經過程，振奮人心同時讓人痛苦，帶給我們滋養身心的養分，同時也耗盡我們的氣力，它多少帶來創新與技藝，也帶來辛勞與喜悅、限制與自由。這種想像力究竟來自何處？隨處都是，抑或無處可尋？是否在烏托邦呢？是否有些人富有想像力，但其他人卻毫無想像力？我們是否都能前往烏托邦，面對未知莞爾一笑，當迷失方向時，坦然接受，返回原點，好停步看看我們四周？

坦白說來，許多你們想像的烏托邦，比如迷失在印度洋上的小島，宜人氣候、潟湖地形和細緻的海沙，熱忱的原住民，住在與世隔絕的安詳氣氛裡，想像這是一個在人們回到現實的文明世界前，感受重生的神祕之地。這些都是愚蠢、帶著殖民地色彩的浪漫想像，存在於旅行社或Club Med（地中海渡假俱樂部）印製的宣傳廣告裡。沒錯，連你們的想像力都在無意識間被新自由主義經濟給殖民了。不如看看烏托邦相關資料中，哲學家、建築師、作家和電影導演們所建構的各種烏托邦吧！別忘了，花點時間遨遊在漫畫的世界裡。有些漫畫可是充滿哲學意涵呢！

那麼，我們到底需要攜帶什麼東西呢？當然是必需品。無庸置疑的，在行李箱中佔據最多空間的不會是物質物品。因此，行李箱到底是不是紅色的，到底是不是中等大小，有那麼重要嗎？當然，如果你覺得很重要，你可以提出理由說服或勸誘讀者。不管別人怎麼說，說服（convaincre）或勸誘（persuader）兩種方法只有一線之隔，同時彼此緊密牽動，就像人的理智與熱情，良知與無知，靈魂與身體一樣。

必需品在哪裡？在行李箱中？在你渴望裝滿、整理、清空的精力裡？在每個人心中因行李箱所引起的不安苦惱裡？在行李必需品清單內容裡？想想看，衛生用品似乎可算是不可或缺的必需品。但換個角度想想，我們的祖先史前人類，難道他們需要衛生用品嗎？說到行李箱的紅色，也許這是和帕斯德羅一起作伴前往顏色隱喻國度的好機會？（參見其著作《色彩小書》（*Le Petit Livre des couleurs*））或者，紅色行李箱本身就是必需品呢？它對每個人來說，象徵了什麼？對遠行、改變、發掘的渴望，對告別、異國、多元文化的幻夢。成為遊牧民族，「成為無疆之國的子民。」——我又借用「世界公民」（citoyen du monde）的歌詞，但我相信歌手HK和他的街頭藝人朋友（HK & Les Saltimbanks）不會介意我的引用。存在的遊子必定肩負行囊，這讓我們想到了啟發戲劇界的劇作家尚・阿諾伊（Jean Anouilh）的作品《沒有行李的旅人》（*Le voyageur sans bagage*）。想必阿諾伊會說，過去的我們多多少少成就今日的你我。

或者必需品存在於烏托邦這個不知存在何處的地方？但是，如果這個地方根本不知存在何處，那它還能具備所謂的必需品嗎？如果無法確認自己的必需品到底為何，我們該如何自處？想到必需品（l'essntiel）這個字兼具本質的意義，若其指的是在不斷變化的萬事萬物中，而能永恆不變的東西，那我們是否還能同意赫拉克利特（Héraclite）和柏格森所說，凡事隨時都會改變，人不可能再次踏入同一條河流？（哎呀，這提醒了我，我還沒把泳衣放進行李箱裡！）或者根本沒有所謂前面、後面，表面、裡面，內在、外在，正是、似乎，存在、存有之分。如果是這樣，那就太棒啦！我的行李箱根本沒有裡外之分，尺寸大小也不再重要，它能自由無限的伸縮變換——只要我先馴服「無限」，而且不要隨便亂裝，把無限也填滿了。啊！說得也是，我根本不可能裝滿無限，因為無限並不是容器，也不是內容物……

哎唷喂呀，我真不該讀那個烏托邦之旅的通知信……不如，我就把行李箱先寄存待領？這也是個好點子。把我的想法放在行李箱中寄存起來，就像一個可能裝了真相的箱子一樣。真相就是，我的紅色行李箱裡裝滿了各種問題，一個疊一個，彼此糾纏難解，讓我暈眩不已，就像一場瘋狂旋舞。停下來吧，忘了這個行李箱。不如乾脆放把大火燒了行李箱，並確保燒得乾乾淨淨，什麼也不留，不管是行李箱本身還是裡面裝的惱人物品。

我們偉大的同胞拉瓦錫（Lavoisier），不但是化學家，也是啟蒙時代的哲學家，他的物質不滅定律說：「質量不會憑空消失，也不會平白生成，只能改變形態重組。」如果我們多少相信他的話，不僅相信字面，也相信背後的意涵，那麼問題常存不滅，還是會回來困擾我們。該死的哲學！

希望我們能盡快抵達這場詭異莫名、超現實旅行的終點。但是，如果旅行就是存在的譬喻，那麼旅程的終點不就是死亡嗎？不，總而言之，我將在自己的道路上繼續前行。也許我所需要的，並不是一個裝滿襪子、衛生用品、衣服的紅色行李箱，反而是一把用來披荊斬棘、砍出前路的大刀，還有敏銳的方向感和靈活的適應能力。當然，也不能少了思想工具盒……哎呀，何不乾脆先把這個可怕的哲學老師送到烏托邦裡？這樣一來，若有危險，先遭殃的也是他。太好了，真是好主意！當然，除非高中會考那一天，他能代替我上場應試！不過，再怎麼樣自己的人生應該自己來活，不是嗎？

在這場第三類接觸的奇妙漫步、「靈性之旅」結束前，來看看幾段學生作文中的片段：

「烏托邦說什麼語言？沒有語言。為什麼？在現實世界，我們仰賴語言才能彼此瞭解，但世界上最虛偽、最傷人、最險惡的也是語言。

烏托邦是旅程，而不是目的地。

唯一很『烏托邦』的事物，就是烏托邦本身。

不帶行李出發，或者只帶一個空行李箱呢？收起我們的紅色行李箱，不要出發。我們在現實社會的規律生活，也許還沒無聊到讓我們奮不顧身地逃離。也許我們不願面對無法回來的風險。

事實上，出門旅行非帶哪些東西不可？

旅行很容易嗎？行李箱中是否裝了我們的寶物？裝了讓我們安心的事物？

行李箱就像人心。

挑選什麼是我需要的東西、放進行李箱裡，的確是非常困難的選擇。但如果我所放進行李箱的東西，會影響接下來發生什麼事呢？

我真的想去烏托邦嗎？在我的真實人生裡，我無法依照自己的原則生活嗎？

如果烏托邦真的存在，我在那裡會快樂嗎？如果所有的夢想在那裡都實現了，我們不就無所渴望，無所期待了嗎？

實現烏托邦，是挑戰自己，全心全力實現我們的一切理想。

如果樂透彩券只是家庭作業的題目，如果前往烏托邦就像我剛剛做的一樣，只是一場想像烏托邦的智識之旅呢？如果那個紅色行李箱指的是我的頭腦呢？我必須拋除一切既有成見，才能盡情享受旅行的樂趣，不是嗎？

在我的行李深處是一個完全開闊的心胸，我的五感重新學習思考，還有我那在旅行過程中，想必會被翻轉的種種想法以及平心靜氣的心情，除此之外，空空如也。因為我確信自己將滿載而歸。

我的行李裝了各種思緒和價值觀：和平與美德，喜悅、平靜與安詳。雖然微不足道，但它們足以佔據所有空間。

要帶什麼？真是困難的選擇。選擇就是放棄。我很幸運抽中大獎，獲得這個保證幸福的機會。但是，幸福難道真的只是機運嗎？只能全憑運氣？幸福仰賴我們來建造，幸福是留給值得的人，幸福需要我們去尋找，這才是幸福的真義。不費吹灰之力而得到的幸福，可能反而是阻礙，因為不需要戰鬥、也不用克服困難，也就沒有對自我的榮耀感。這場旅程幫助我更能衡量對我而言什麼是重要的。」

觀看我們的內心世界，真誠的關注自己，保持清醒的警覺性，這不太像一般人常說的「認識自我」，比較像一種深沉且沉靜與自我親密相依的感受。顯然，我們跳脫出「正式課程」的框架，但這對哲學思考大有助益。當然，前提是我們必須結合哲學與靈性，同時清楚明辨兩者的差別，就像薩吉・克弗丹（Serge Carfantan）☆13在其內容豐富的網站「哲學與靈性」（Philosophie et Spiritualité）上解釋的一樣，我建議大家定時上去仔細閱讀瀏覽。

至於有心繼續漫步、渴望漫遊到其他哲學國度的人，不妨試試練習下面的題目。

我的哲學花園：找回驚喜並培育它

亞里斯多德對我們說過這些話，但我們必須身體力行才能理解箇中奧妙。驚喜，是包含了歡笑與好奇心的意外，刺激哲學問題浮現在我們心中，對我們說話。怎麼說？驚喜改變了我們的日常軌跡，讓我們暫時停步，來場意外奇遇。

伏爾泰在《憨第德》（Candide）裡說過：「我們必須培育自己的花園。」你們遵從這句建言，但別忘了，這是座哲學花園，你們要培育的是，疑問。

寫作導引如下：你的花園看起來像什麼？那裡綻放了哪些疑問？哪些哲學家？花園的組成型態為何？這是裝飾性的花園？還是種植了蔬果的花園？是法

式花園或英式花園？至少簡短解釋你的選擇，同時指出你的哲學花園有哪些特異之處？請完成一篇至少兩頁的作文，亦可附上花園的平面圖。

☆12作者註：二〇一二年十一月號的《哲學雜誌》（*Philosophie magazine*）中，有篇文章提出「為什麼我們不再像以前那樣學習？」這個老生常談的問題。寫作文化面臨了前所未有的轉變。知識的集中，讓人們能夠藉由概論、類推、推理、演繹等有效率的方法來獲得上一代的知識，並且加以推廣或超越。但若要活用資訊、鍛鍊批判思考，就必須具備概念，才能真正思考資訊。每次有新的「寫作型態」產生都會備受質疑。每次的革命，我們都擔憂失去一切，但唯有失去一些，我們才能發掘新的能力。數位化既是毒藥也是解藥，因為科技本身並沒有毒性，但若我們不知如何正確使用科技為社會帶來益處，就會造成傷害。唯一的辦法就是不斷攜手研究，因為我們已經無法回頭。試圖死守老舊思維的寫作方式，無疑要為學校教育的崩壞負起最大責任。

☆13作者註：若你還不認識薩吉·克弗丹，沒讀過他以創新及深刻思考寫成的精采著作，請盡情瀏覽他內容豐富的網站：http://www.philosophie-spiritualite.com/，他的文章引人入勝。你也可以購買從他的網站貼文集結成冊的相關書籍來閱讀，一定可以大大滋潤充實你的心靈。

12
語言特技
Acrobaties linguistiques

喬治・歐威爾在一九四八年的著作《一九八四》（*Nineteen Eighty-Four*）中，創造了「新語」。「新語」的概念是，一個語言中的辭彙愈少，人想得到的概念也愈少。也就是說，當語言的精緻度、豐富度和創意度減低時，人們思考的能力也隨之降低。對語言的生疏會讓人變得愚昧、依賴且易受控制，比方說受到大眾媒體的操控。當國家整體或社會組織拒絕表達任何批判時，特別是排斥內部的針砭時，也慢慢抹殺了人們獨立思考的能力，最後根本說不出任何批評。誰還敢說作家總是天馬行空，背棄現實？另一方面，由名聲卓越的記憶學專家阿蘭・利厄里（Alain Lieury）在其著作《記憶與學術成就》（*Mémoire et réussite scolaire*）中，提到一項由他帶領的研究，他發現初中一年級學生的字彙數量、對字彙意義的理解精確度，和其在高等教育中表現卓越的可能性，有高度的關聯。人們往往認為自律與服從才是在學術界成功的重要特質，有時比思考能力與個人努力程度還要重要。但這依然並不足以反駁實驗結果，也就是語言的豐富度、掌握能力和思想的靈活度有高度相關性，儘管我們無法確認何者為因，何者為果。

我不曾忘記我和學生之間的年齡差距，也時時珍惜每一天，讓他們擴展我的字彙庫的寶貴機會。但是我必須直言，年復一年，學生們愈來愈難以掌握真正的語言。而對有些學生來說，應該習以為常的母語，漸漸變成一種陌生的外國語言。

當我們在哲學課上提到「蘇格拉底反詰法」（maïeutique）或「現象學」（phénoménologie）時，學生就像第一次遇到「三角學」（trigonométrie）這個字一樣，面面相覷不知其義；這再正常不過了，不是嗎？但這並不是問題的核心。當現在的學生連「陳腔濫調」、「誇大其辭」、「犀利」、「如願以償」、「挽起袖子」、「敢作敢當」這些詞彙的意思都搞不清楚，這就嚴重了！

平時講課時，我早已放棄使用過度精確艱深的辭彙，因為哲學課的目的是引導學生發展哲學性思考。但當一個人分不清「幻想」與「虛幻的」，「約束」與「強制的」，又該怎麼說呢？我很清楚，我最難以理解的語彙常常是現今年輕人最熟悉的語言，諸如：上傳、看直播串流、USB 連接埠、集線器……等等的技術用語。但這些用語難道能像其他辭彙一樣，刺激我們發展影響人生至鉅的批判性思考嗎？

語言與時俱進，不斷演化出各種不同口氣、不同語境的辭彙，反應了多元化的族群背景，甚至賦予某些族群獨樹一格的自我認同感。但當我們在大部分的作文與口語言談間，常常見到、聽到一些定義模糊因而被廣泛使用的辭彙，如：「東西」、「制式」……等等，使用者往往隨興亂用，甚至一個字居然可以同時表達兩種正好相反的概念。當語言變得言不及義，當人們用侮辱來表達愛意，我們是不是可以說，歐威爾的「新語」早就已經落地生根了？我們是不是該提倡找回原本的語言，回歸內涵豐富多元，意義精準的用詞方式？而這樣的期待該不會是不切實際的幻想吧？

一開始，我無法說服學生瞭解精通母語辭義的重要性，因此我設計了一個有趣的活動，讓學生瞭解語言是強而有力且精細複雜的工具，連古希臘的先賢智者也如此認為：

「言語具備強大的力量，它能平息恐懼，消除痛苦，創造喜悅，增進憐憫之心。語言讓聽眾震驚得戰慄，或激起人的憐憫之心，讓人淚流不止，也能使人感受苦痛而沉浸於哀思中。……能透過魔法欺騙、說服和改變靈魂。人已發明法術和魔法兩種技藝，它們讓靈魂迷失，產生謬誤意見。……（星象學家）用意見取代意見，一方面消除某意見，一方面產生某意見，使不可信和不可見的事物呈現於意見的雙眼前。……而法庭上的攻防戰，往往一席話就能令許多人心悅誠服，這歸因其生花妙筆的功力，而不盡然是其真實度。……有人把語言對靈魂的影響力，和藥物對人體的影響力相比。……有些話語折磨人心……有些則能激發士氣話語，讓人無所畏懼。也有些話語是靠著巧妙的勸誘，成了靈魂的毒藥，讓靈魂依賴它們的藥效與魔力。」（摘自高爾

吉亞（Gorgias）的《海倫頌》）

諾曼・拜萊瓊（*Normand Baillargeon*）在其著作《思想自衛小課程》（*Petit Cours d'autodéfense intellectuelle*）☆14中摘錄了上面這段《海倫頌》，並在書中分享他和加拿大的學生一起做的許多實驗性活動。我一開始有點懷疑它們的效用，因此決定親自在課堂上實驗一下。

每年剛開始，課程不太緊湊時，最能顯現這些活動的效果。首先，請學生作畫。他們可以依照自己所思所想來畫，也可以無意識地即興塗鴨；可以畫草木、人物，也可以只是難以辨認的寥寥數筆。接著，向學生宣稱，你可以憑這些畫作裡的幾樣特徵來推測他們每個人的個性。

只要事前妥善計畫，就能讓這場實驗更加逼真。煞有介事發給每位學生一份「個人特質詳細報告書」（愈快發送愈好，才能營造效率明快的印象），同時向學生解釋，為了尊重每個人的隱私，切勿閱讀鄰座同學的報告書。接著請學生評斷自己手上那份特質報告書的準確度。

幾乎每個學生都會認為，你給的報告書非常準確，你以無法想像的精確度成功描述了他們的個人特質！你傾聽他們的意見，佯裝認同，接著請他們彼此交換閱讀，比較內容。此時，他們會大驚失色地發現，你小心翼翼發給每個人的「個人特質詳細報告書」，內容全都一模一樣，頂多只有一些句子的順序前後對調。而且你根本沒有依據他們畫的圖像來做任何分析。雖然我並不確定，單靠這個活動是否足以激起學生對語言用字的興趣，瞭解操作與解讀文字的精妙道理。

不過，我記得有幾回偶然遇見畢業已數年的學生，他們仍然難忘這場「操控實驗」。他們說：「老師，妳當時把我們都唬住了！這件事迫使我說話時多用點心，記得自己曾輕易就被文字騙過！」

對了，我得提到，在進行這場實驗前，我們還在課堂上討論了史丹利・米爾格倫（Stanley Milgram）著名的權力服從實驗☆15。因此，當時學生認為自己比一般人更難被操縱，但他們沒想到語言的控制力也不容小覷……

而我的小小實驗正好是反證。但是有個學生堅持：「老師，不管妳怎麼說，我還是覺得妳太強了！怎麼猜得中我們大家的個性呢？……」姑且說人心似乎仍必須仰賴奇蹟吧。這讓我突發奇想，不妨講講有名的「大衛與歌利亞」聖經故事吧！

☆14作者註：加拿大人諾曼・拜萊瓊是一名哲學家，也是教育專家。他的著作《思想自衛小課程》（*Petit cours d'autodéfense intellectuelle*）是批判獨立思考的入門書，作者希望民眾能藉由此書獲得「豐富且多元化的資訊，幫助他們瞭解世界，並辯論相關議題。」拜萊瓊解釋了當今媒體及公關公司的起源與運作模式，好讓民眾免於被騙。他說：「在語言世界裡，幾個文字就能夠抹去一句話的意義與內涵。」

☆15作者註：現今還有誰不知道史丹利・米爾格蘭（Stanley Milgram）的服從實驗？在其著作《服從權威：有多少罪惡假服從之名而行？》（*Obedience to Authority: An Experimental View*）中詳細描述了實驗過程。

13
「大衛與歌利亞之戰」

「*David contre Goliath*」?

我以「大衛與歌利亞之戰」稱呼這一年哲學課中最重要的階段，不過，我會根據每一年軍隊的成員變化和訓練方法準則來適時調整變化。從我手執教鞭至今，我已成了一位備受尊崇的前輩將領，而這場世紀之戰就像一場儀式一樣，陪伴我所有的學生度過每一年。不過當我第一次聽到學生間流傳這個故事時，我並不明白，甚至生氣：為什麼他們道聽塗說，那麼好騙？

後來我才明白，人們對傳說故事是多麼嚮往。學生間流傳的這個故事，講的是某年某位傳奇學長的事蹟，他就是這場「現代大衛與歌利亞之戰」中的主人翁大衛。參加高中會考時，他遇到的哲學作文題目八成是：「勇氣究竟是什麼？」（或者是膽識、無畏這些經典用字）而大衛竟然放肆地在答案卷的第一頁上留下空白，只在背面寫下：「這就是勇氣。」而這則故事中的歌利亞，顯然就是批改試卷的閱卷老師，一個由學生假想、毫無魅力的官僚巨人，面對大衛無所畏懼的氣勢、一語道破的答案，也只能舉白旗投降，不得不給英勇直言的大衛滿分二十分，授予大衛打開高等教育大門的通關密語。

這個大衛多麼帥氣呀！一名平凡無奇、年僅十八歲的學生，居然膽敢挑戰整個教育制度，實在稱得上是當代豪傑！他不需要發表長篇大論，也不需要書寫冗長繁雜的作文，完全訴諸行動，展現傲人的效率。只需要一句話，一句簡簡單單又中肯切題的句子，就能征服閱卷老師，不得不拜服在這位天才腳下。人們滿心渴望這樣的神話能成真，只要輕彈指尖即可改變世界。我們都想成為大衛，只要自信穩定地抬起一隻手，花上幾滴墨水，就能玩弄僵化頑固的學術論文規則於指間，擊倒巨人歌利亞。

多麼驚人的奇蹟！當高中會考步步進逼，這場人生挑戰愈來愈真實的時候，大部分學生所渴望的，往往正是一場奇蹟。他們說：「我們欠缺條理方法，或者欠缺訓練的機會。」而我糾正他們：「你們所期望的根本是從天而降的神蹟或是超現實的神力，好讓你們靈光一現，馬上就能融會貫通。然而，這可是需要一點一滴地付出與毅力才能累積的能力。」當然，這種說法實在欠缺「魅力」，一點也不吸引人。誰說學校不是一所商店？我們在這兒鼓動三寸不爛之舌，賣的不就是散發付出、認真與熱情香味的美好香水？

顯然人類熱愛故事，這種傾向在希思兄弟（Dan et Chip Heath）的作品《創意黏力學》（*Made to Stick: Why Some Ideas Survive and Others Die*）[☆16]中解釋得透澈淋漓。這本書一開始就說：「你們絕對猜不到我朋友的朋友發生了什麼事。我們就叫他戴維好了。戴維去亞特蘭大參加一場非常重要的客戶會議……」接下來，他遇見一位散發魅力的年輕女性邀他共飲一杯，之後他就不醒人事，失去一切記憶。當他醒來後，發現自己居然躺在滿是冰塊的浴缸裡，而且發現人體器官販子摘除了他的腎。作者立刻解釋，這是在過去十五年間，廣泛流傳的一則都市傳奇。雖然大家都知道它純屬虛構，但我們卻難以忘懷，因為這故事具備了數項重要的「成份」，讓我們記憶深刻。與其把愛好故事的人性拒於門外，不如大方面對，善加利用，活用於教育之中。當然，這並不是指所有勞神費心的學術訓練都能變成有趣熱鬧的遊戲。學習過程中，有些複雜繁瑣的部分是不可或缺，但這並不代表它們無法與活潑的學習環境共存☆17，我們不妨寓教於樂，刺激學生運用感官，主動學習、投入心力。

基於上述原因，我決定試驗各式各樣創意十足的教學活動，並隨著新學年、每一次的作文作業，慢慢改進，適時動手調整課程中困惑與嚴肅內容的比例，同時結合人心對傳說故事的迷戀。比方來說，今年在新學年初始之際，我就抓緊時機，引用德洛瓦在《朋友間的哲學日常》（*Petites Expériences de philosophie entre amis*）一書的序言中，把哲學和旋轉門相比的例子。德洛瓦提到這些常安裝在機場或購物商場前的旋轉門，用迂迴的方式帶我們到目的地，若我們執意直行，反而哪兒都去不了。唯有順著旋轉門的軌跡，在幾秒鐘內改變行進的常態，才能前往目的地。

於是，我想像一座哲學商場，門口就立著一座旋轉門。在這個「哲學超市」裡什麼東西都有，對哲學傳統抱著懷舊心情的人，不妨到「古希臘精品店」逛逛，笛卡兒或史賓諾莎（Spinoza）的信徒可到「現代風格」瞧瞧，而在「理之音與光」裡，當然可以找到理性思維。在十九世紀區，工業思潮大行其道，而在二十世紀區的「瘋狂二十」裡，荒謬主義想必為鎮店之寶。現在，讓我們想想眼前這些琳瑯滿目的專賣店打算推介哪些商品？販售什麼樣的思想？處在什麼樣的歷史背景？他們主要憂心哪些問題？

把學生分派為數個小組，每個小組以一段年代為主題，以遊戲的方式，帶領我們一起發掘不同的哲學流派。由學生選定最能代表其年代的哲學家，並針對作文主題發表意見。當然，隨著幾年下來，我在這個角色扮演的活動中又加入幾項輔助成份，以求增進學習效率。角色扮演讓學生更容易留下記憶點，就像出人意表、細節具體和富教育性等特質的有趣故事總能讓人印象深刻。如同我前面提過，故事對人腦來說，就像飛行模擬器一樣，故事的力量在於其背景脈絡，這正是太過抽象的散文所欠缺的。因此，故事能幫助人們牢記其中包含的知識，因為這些故事與我們的生命以及學生的人生有相似之處，自然容易產生共鳴。自從我體會故事的奧妙後，每一年我們總是熱烈歡迎大衛與歌利亞的到來。

☆16作者註：希思兄弟的《創意黏力學》中，有些點子會在人心中留下深刻印象，長久以來吸引人心，促使人付諸行動。相反的，有些點子則是聽過就忘。兩位作者向讀者解釋，一個讓人想忘也忘不了的想法背後的機制。如果要創造一個難忘的故事，有幾個要件：簡明（simple）、意想不到（unexpected）、具體（concrete）、可信度高（credible）、動人心弦（emotional），以及故事本身（stories）。這些要件都是眾所皆知的常識，我們多少明白，說故事時必須簡單明瞭。若我們無法輕易做到，其實這歸咎於人類天生的心理傾向讓我們知易行難，這就是學問的詛咒啊！一旦知道一件事，我們就難以想像不知道這件事的感覺，這讓知識傳播變得很隨機，甚至無以為繼，除非將此知識加工變裝，才能順利推廣其中心思想，這些正是本書所涵蓋的原則。

☆17作者註：認知心理學博士史丹尼拉斯．德漢（Stanislas Dehaene）在法蘭西公學院（Collège de France）二〇一一五年講座曾開設了兩項課程，分別為「注意力與執行控制」和「主動參與，好奇心與糾正錯誤」，相關內容可參考網站：http://www.college-de-france.fr/site/stanislas-dehaene/course-2014-2015.htm

14
世界的比例尺
A l'echelle du monde

我並不是一天到晚忙著創作奇特好玩的角色扮演或情境活動，事實上我經常從其他創意十足的老師身上獲得啟發，稍加調整他們的教學方式以符合哲學課的需求，再運用於課堂上。比方，下面這個叫做「如果世界是一座小村莊」的活動，許多組織都曾以此來推廣民眾對社會不平等的認識。把學生分成數個小組，想像一下，如果這個地球是一個住了一百人的小村莊，每個人會擁有哪些東西？村莊裡住了幾個男人？幾個女人？有幾個小孩？有多少中國人或非洲人？不過，最重要的是，瞭解一下多少人能夠受教育？獲得醫療照顧？能喝到乾淨的飲用水？又有多少人擁有土地？買得起房子？

我們為什麼要把全球人口縮小成一百人呢？就像我們親愛的笛卡兒會說，人難以理解一個有上千面的多邊形；同理，我們也難以想像一個承載了七十億人口的世界到底是什麼模樣。但當我們把數字縮小為一百人或五十人時，這相等於一兩個、頂多三個班級的學生人數；這對我們來說就好理解多了。當數字變得明確具體，我們看事情的面向也大不相同。比如一個有三十名學生的班級，其中一名學生就擁有百分之八十的財富時，這樣的類比會對我們帶來更強烈的衝擊，立刻對此產生質疑。

尤其如果這裡指的財富，其實就是成績分數的象徵，自然讓人更有感！讓我們來看看一份作業的全班成績（最好選擇一份學生正急切等待老師發回的作業），把每個學生的成績加總，接著把百分之八十的分數都給一名學生或數名學生，會造成什麼反應？

「他不需要那麼多分數啊！這樣他遠遠超過滿分二十分好幾倍耶！那麼多分數，他要拿來幹嘛？」

「他可以留著這些分數，分給接下來的作業呀！」

「萬一這些分數分給一年所有的作業仍有剩餘呢？萬一還剩很多呢？如果他選擇把一部分的分數給某個人呢？他要分給誰？又依什麼原則來決定？他會給他的朋友，還是會給值得高分的人，還是給那些需要分數的人呢？」

學生們七嘴八舌地討論，激動地忘了他們根本還不知道自己的成績是幾分。藉此機會，我們質疑分配的公平性，若給每個學生一樣的分數是否合理？同時也探討，若我們想要公正的分配，必須考量哪些相關要素，又該如何拿捏其中的微妙平衡？面對這個前所未有的自由，許多人卻躊躇不前；追根究柢，由老師來決定分數是最好的方式，讓學生免於自我質疑。而當學生對成績不滿時，也能輕易歸罪於老師。

午餐時間快到了，此時不妨把成績代換成食物資源：一名贏家能得到百分之八十的糖果或蛋糕，剩下的學生只能共享百分之二十。或者，乾脆抽籤決勝負，這樣一來，贏家不需要交任何作業、不需要任何付出或理由，全憑運氣就能享用百分之八十的食物。

當然，這樣的例子讓學生大受震撼，而這就是我的目的，藉這個有趣的方式來激發學生思考不平等的問題，它的肇因以及解決改善之道。使用對學生來說切身相關的元素，能為這種情境討論帶來更強而有力的效果。大夥兒爭執不休，慢慢分辨平等與公正的差別，天生與社會的不平等，同時探討人需要與眾不同的獨特性，才能感到存在感；因此我們要自問，如何在尊重個體與考量群體利益間取得平衡。我們赫然發現或清晰理解到，不管是司法判決或任何裁判評估機制，其實都無法免除其獨斷性。在法律與合理性之間，在尊重法律條文與符合世人的道德標準間，存在著鮮明甚至難以承受的落差。討論至此，正是讀幾段盧梭的絕佳時機。讀讀盧梭解釋人與人之間不平等起源的段落，或者讀讀亨利・梭羅（Henry Thoreau）的《公民不服從》（*Civil Disobedience*），甘地與馬丁・路德・金恩正是受到這篇文章啟發而勇敢抗爭。

有時，學生爭論得怒目相視、提高語調，但如果這場課堂的討論一直延伸到教室外的走道，甚至繼續到午餐休息時間；那麼我已贏得這場賭注，哲學的種子已落在學生的心中，這才是最重要的。至於高中會考，有考也好，沒考也罷，那並不是我們的終極目標，除非我們已無心為人類的存在帶來意義。

在心中帶上一把比例尺，並不是自我中心，而是為了回歸專注於最重要的根本。

15
概念的雕塑家
Sculpteurs de concepts

我並不瞭解雕塑家的創作過程，更從未使用鑿子或雕刻刀來馴服堅硬的大理石。但我知道一名工匠雕刻石頭時多麼謙卑又毅力十足，滿懷決心，一刀一刀劃過千萬遍只為呈現理想的形狀。

這一切需要耐力以及高超的匠藝，但當我們看到最後成果時，過程中的血淚都已煙消雲散，乍看之下，彷彿是作品本身決定自己最終的樣貌。而那位費盡心思、細工慢活雕鑿的人卻慢慢消失，只留下永恆不滅的作品。我覺得雕塑和語言有許多異曲同工之處。只要一點創意與想像力就能讓文字的內涵更豐富，更精準的說，讓語言承載的概念更加深刻。

自從藝術家發展出「概念藝術」後，作品不再是最重要的最後成果，概念搶走了作品的光采。我們不妨來個反向思考，由五感來想像「美感」哲學，也就是以藝術作品為基礎，來認識、理解相關的概念。

在前面的章節中，我已提到活用想像力和情境、角色扮演，都對哲學思考十分有益。許多學生難以理解藝術的內涵，此時更該利用各式各樣的輔助教材或活動。當然，藝術本身就是一個重要且令人興奮的主題。而以實務面來說，高中哲學作文也常以此作為題目，因此老師必須幫助學生瞭解藝術的各種面向。

比方說，玩玩幾場文字遊戲吧！我很喜歡一個活動，而且屢試不爽，幾乎每次都能讓學生寫出內容豐富多元又有啟發性的作文。請學生選擇一樣他喜歡、討厭或毫不在乎的物品，接著假裝它是有生命的物體，寫一封信給它，對它說話。在課堂上，讓勇於分享的學生高聲朗讀自己寫的信，這時也許會引起哄堂大笑，也許會讓其他同學深受感動。接著就進行下一個步驟：把所有的信混在一起，再隨機發給每一個人。然後，學生要把自己當成拿到的那封信中的物品，回信給寄信者。

這樣的團體活動不但充滿樂趣，也讓相互敞開心胸的學生們無形中團結起來。學生能更明白創作過程的種種技巧，創作者與觀眾間的關係，以及每個人心中隱藏的想法。這個看似無用的活動能帶給學生很多成就感和趣味，對我們的身心平衡不可或缺。當我們讀著一封封書信，我們也認識了寫信者的內心世界。

雷蒙．格諾（Raymond Queneau）的著作《風格練習》（*Exercices de style*）帶給我很多啟發，我也常常稍加改變其內容，來做各種課堂實驗。我們先一起想像一個場景，接著試試各種風格的寫作方式，刺激學生對創作提出各種質疑，探討文字創作需要的各種技巧；還可以知道當我們朗讀作品時，現場觀眾注視的目光有多重要，及觀眾即時反應的影響力。

德洛瓦再次給了我靈感，讓我想出「假裝你是一個可頌」的活動，想像可頌麵包的各種面向，從原料、製造過程、烘焙到販賣。這遊戲既香脆可口，又和感官與創作過程密切相關。學生們一開始覺得它的名稱很怪異，但一旦討論起來，個個都十分投入。

有一年，為了營造驚喜效果，改變學生的日常慣性，我在九月的一堂課上，請學生把座椅向後轉一百八十度，面向教室後面的牆，一起望著牆面用心思考，並為這個奇特的場合一同寫篇文章。這一回，學生的集體創作結合了哲學與雷蒙·戴弗斯（Raymond Devos）的風格。名聲響亮的戴弗斯寫的精采短文〈他們跑向何處？〉（*Où courent-ils ?*）如下：

> 吁……真抱歉，我現在喘得不行！我剛經過一座城市，每個人都在跑步……我說不出那城市在哪……我是跑著穿過那兒的。我原本像往常一樣走路，但一到那裡，看到全部的人都東跑西跑，我也不明就裡跟著跑了起來！有一陣子，我和一名男士並肩而跑……
>
> 我問他：「請問一下，為什麼這裡的人都像瘋了一樣忙著跑步？」
>
> 他回答：「因為他們瘋了！」

他繼續說：「這裡的人都瘋了！你沒聽說嗎？」

我回答：「我聽說了，風聲傳得很快！」

他回答：「沒錯，消息總是跑個不停！」

我又問：「這些瘋子跑成這樣，是為了什麼？」

他跟我說：「為了一切！什麼都有可能！有些人忙著辦事，有些人是追逐名聲，有些人為了光榮而跑……那個人則跑向死亡。」

我再問：「為什麼他們跑得那麼快？」

他回答：「為了賺取時間啊！人們不是說，時間就是金錢嗎！所以跑得愈快的人，賺到的錢愈多！」

我繼續問道：「他們要跑去哪兒？」

他回答：「去銀行啊！要把他們賺來的錢存進活儲帳戶才行啊！接著他們又繼續跑下去，才能賺更多的錢！」

我說：「那其他時間呢？」

他回答：「他們跑著去購物，去市場！」

我又問：「為什麼連買東西也要跑著去啊？」

他回答：「我跟你說了啊，他們都是瘋子！」
我說道：「但他們還是可以發著瘋走去市場啊！」
他說道：「我看你根本不瞭解他們啊！首先，瘋子並不喜歡行走……」
我問道：「為什麼？」
他回答：「因為『行不通』啊！」
我問道：「等等，我看到有個人在走路耶！」
他解釋：「對，那是個反動分子！他再也受不了像瘋子一樣跑來跑去，就號召了一場抗議遊行！」
我問道：「但他好像沒有追隨者？」
他回答：「有啊，但那些本來跟著他示威的人，都已經追過他跑到前面去啦！」
我問道：「那你呢？你可以說說你在這兒做什麼嗎？」
他回答：「沒問題，我忙著做流動事業，因為呀，這裡的生意也『行不通』！」
我又問：「那你往哪兒跑？」
他回答：「我要去銀行！」
我說：「啊！想必也是要去存錢？」

他說道：「才不是！我是要去提款！我可沒瘋！」
我問道：「如果你沒瘋的話，為什麼還待在這個瘋人城呢？」
他對我說：「因為我可以狂賺一票啊！我就是那個銀行家！」

學生完成的集體作文當然比不上戴弗斯風格獨具的短文，倒也十分幽默。

九月五日星期四：望向後方的牆

在牆的正中央有塊木板，上面寫著「喬登，我愛你」。有一天，不知是偶然或命定的機緣，一個名叫喬登的人經過看到這塊木板，看到這句話後，忍不住尋思：「誰在跟我告白？究竟是誰呀？」他沉思一會兒後，突然靈光乍現，恍然大悟：「哎呀，當然是這面牆囉！這面牆寫下它對我的愛意！」因為牆不會說話，只能用文字表達心聲。所謂隔牆有耳，人人都知道牆有耳朵；還有人們常說的「牆腳」，因此牆有腳也是肯定的。但牆沒有嘴巴，無法高聲表達它的心情。沒關係，喬登懂它的心意。

喬登突發奇想，打算偷走這面牆，把它帶回遙遠的家鄉，好好照顧它。不過，要怎麼偷走一面牆呢？絕不能傷害到牆，因為牆很敏感脆弱。如果你傷了它的心，它就會哎哎叫：「哎喲！嗚嗚……」成了一面傷心的「哭牆」，就更難移動它了，不是嗎？

喬登苦心思索良久，打定主意：「要偷走一面牆，一定要等待最佳時機，等它準備好離開熟悉的環境，等它夠『強』壯才行。」但如何知道一面牆夠不夠強壯呢？想當然爾，必須用心傾聽牆壁深處喃喃的「牆」聲「壁」語。不然眼前就只是一面平凡無奇的牆，一面毫無魅力、一無是處的牆，一面不可朽的糞土之牆，一面鬼打牆的牆……

如果你懂得傾聽無口之牆的心聲，那你就會明白，要當一面牆也得身懷絕技才行，有高強的技巧才能當高牆，光靠背牆一戰的決心是不夠的。一定要發憤圖強，才能造就一面好牆。如此一來，你就會擁有一面飛牆走壁，無怨無悔跟著你走遍天涯海角，讓你成為走出藩籬之外的「牆外漢」。

可嘆的是，喬登沒有堅強的意志建造這道心牆。他無法找到把牆帶走的好時機，只能咬咬牙，在離開前狗急跳「牆」，說道：「你這牆啊，雖然你很愛我，但我恨死你啦！」這就是「要牆不成」不了了之的故事……

再舉另一個實例。這次是一項家庭作業，許多學生除了附上規定的文字敘述，還附上素描或厲害的圖畫。學生廣泛收集研究各種資訊，包括藝術層面、市政府的象徵意涵，甚至法蘭西共和國的口號：

「你們贏來了光榮的勝利！此刻，是為各位量身打造展現天賦的大好時機！你們戰勝了各種繁雜的行政手續，及時送出申請資料，並很快就收到回應：你和你的團隊獲選承接你們現居地市政府外牆與附近景觀的設計工作。你們可以任想像力盡情飛翔，在自己的城市裡，在建築物的牆面上，留下你個人的印記。然而，你們必須遵守對方提出的幾項必備要件：必須有三項設計是向過去的三位藝術家致敬，可以用明顯或暗喻的方式來表示。此外，必須包含法蘭西共和國的三項格言：自由、平等與博愛，且有一區必須飾以條紋。

一、明列作品的各項資訊（使用材質、顏色、形狀與象徵圖像），指出你融合哪些藝術家於設計之中，並解釋原因，闡述你如何在作品中加上法國的三項格言。

二、當你們進行多方研究時，想必會遇到各種和藝術表達方式相關的各種問題，列出三個問題，針對每項詰問，撰寫短文，提出條理分明的省思。」

在這個活動中，每個學生的應對方式都大不相同，付出的心力多寡也全因人而異。如果我們以六月會考的標準來衡量，不少人的確在這項複雜、涵蓋眾多領域的作業中迷失了方向。

但事實上，人生總是不斷向我們展露它的複雜難解。因此，就像備受宣揚的笛卡兒在其舉足輕重的著作《方法論》中所提到的：「分解每項困難，我會檢視其中可能蘊藏的每一個細節、面向，拆解得愈精細愈好，直到順利解決。」

展現嚴謹的組織能力和流暢活用研究方法，兩者都十分重要，依循此道才能找出問題的解決方法。至少，理論上來說是如此。

我們常認為人能掌控自己的思緒，但這只是錯覺。事實上剛好相反，我們的思想習於以網絡模式來運作，在各種存取資訊與回憶的資料庫間創造類比聯結，有時會在看似毫無用處的細節上沉思良久，同時忽略看來十分重要的資訊；專注於一件事的脈絡，而對任務的內容漠不關心。

有個說法是許多人堅信不移，但毫無證據支持：宣稱我們只使用了百分之十的腦；但事實並非如此。你是否還記得大衛與歌利亞？這種說法和大衛學長的英勇行為一樣，都是沒有根據的都市傳說。連一些看似無關緊要的小事，都仰賴數個腦部區塊同時的協力合作。數量龐大的資訊不斷在腦部各區流通交錯、平行處理，這些都歸功於神經元裡的突觸，才能讓我們的大腦至今仍是效率十足；且在許多情況下，人腦比最先進的電腦更有智慧，雖然人腦需要比較多時間處理資訊。如果一隻貓能在一分鐘內吃完一隻老鼠，我們的腦就像上千億隻貓在同一分鐘內吃掉上千億隻老鼠一樣……[☆18]

同時啟動跟「自由」、「價值觀」、「時間」、「藝術」四個層面有關的省思，的確有其風險，但從人腦處理資訊的方式來說，其實非常合理。人腦習慣於同時處理來自四面八方的各種資訊，得到一個前後一致且具有意義的概念。除非，高中哲學教育的首要目標並不是找出人生課題中的意義，不然這樣的活動有助刺激學生思考。

如果我們相信從英吉利海峽另一端傳來的一些觀點，且認同它們適用於法國的教育制度，我們會發現法國從啟蒙時代流傳下來的教育制度，居然十分符合工業革命的一些特質。在現今教育制度下，每個任務被拆解為一項項的小任務，而每個人都孤獨地工作著，只為自己，不去考量別人。然而，這並不適合我們的環境。肯．羅賓森（Ken Robinson）在動畫《教育範例》（*Le paradigme de l'éducation*）[☆19]中，以條理分明又詼諧的方式分析教育。如果我們認同羅賓森的說法，就得承認現行的教育制度並不符合現實環境。這位英國的教育科學專家根據實證，堅持在這個時代，我們需要更多創意與好奇心，適應能力，同時保有自我靈魂。為了尊重他人與地球，為了分工合作與創新，這些都是不可或缺的特質。

因此，那些繁複的教育形式都下地獄去吧！這並不是說我們不顧學生死活，不管他們是否能順利考過高中會考、並在未來取得其他文憑與專業證書。但請不要遲疑，我們應該盡量提供並善用各種有創造力又不需耗費巨資的可能資源來幫助學生。丹・羅姆（Dan Roam）在其著作《餐巾紙的背後》（*The Back of the Napkin: Solving Problems and Selling Ideas with Pictures*）也宣揚這種觀念，他認為圖像的功能強大，能夠具體傳達概念，增加言論的說服力，而且這跟我們的繪畫技巧是否高超毫無關連。只需要簡單勾勒幾筆即可，連最笨手笨腳的人也能在我們眼前展現一幅表達概念的草圖。

☆18作者註：加來道雄（Michio Kaku）在其著作《2100科技大未來》（*Physics of the Future: How Science Will Shape Human Destiny and Our Daily Lives by the Year 2100*）中提出這個比喻。加來道雄在紐約是理論物理學的教授，他以容易理解的方式，向我們解釋從現在到二一〇〇年的科學發展。加來道雄進行了驚人的調查，訪問三百位頂尖科學家，來想像知識的極限，包括代數、人工智慧、醫學、量子物理、奈米科技等領域的革命性發展，以此寫下本書。

☆19作者註：肯・羅賓森（Ken Robinson）的《教育範例》以一段生動活潑的動畫，來解釋教育界十分複雜的種種困境，包括學術脫節、注意力降低、藝術領域欠缺探索等主題。

16
那高中會考呢？
Et le bac?

如果隨處生長的樹木與梧桐木為這本教學現場筆記染上一層盎然綠意，不妨再逗留一會兒，等著看一場七葉樹開花的繽紛盛況。七葉樹每年照例依時序開花結果：如果我們相信貝爾納．瓦耶納（Bernard Voyenne）的著作《新聞用語彙編》（*Glossaire des termes de presse*），每一年春初的那幾天，那些種植在死於一七九二年八月十日事件的瑞士衛隊墳上的紅七葉樹都會開出粉紅色的花朵，在巴黎的杜樂麗花園裡恣意綻放。而且每一年，報章雜誌裡必定有文章提及這件事。這就是新聞界歷史悠久的「七葉樹現象」（marronnier），每年替讀者複習一樣的資訊，只是換個方式說的差別。

到了高中會考季節，新聞媒體少不了也會循例報導相關新聞，像節拍器一樣精準無誤。在六月時，民眾都會讀到哲學考試的作文題目，最年輕與最年長的應試者，最好笑的「遺珠之作」（其真實性不得而知），頂標分數和通過考試的人數比例。

近年來通過考試的人數比例約在90％左右。前人的各種人生關卡中，唯有高中會考流傳至今，是見證少年長大成人的必經儀式。考量到高中會考耗費的預算經費，大部分的學生理應順利考過。若太多人重修，這對社會大眾來說可是極為昂貴的代價。

也許，這樣的政治因素正好解釋了，為何那些深受我前所未有獨特教學法薰陶的學生，仍能和其他七十萬莘莘學子一樣，安然通過高中會考的試煉。

至今我仍不認為一年又一年謹慎仔細紀錄自己學生在高中會考哲學項目的成績是件重要的事。教務處或其他各種教育行政機構，不管從部門預算分配或腦力使用的層面來說，都已經習於處理這些量化數據，實在不需要別人錦上添花。當然，到了七月成績公布時，我一定會收到學生的成績單。我就和其他科目的老師一樣，難免會從分數中發現一些驚喜或驚嚇，但多半沒什麼特殊之處。

眾所皆知，讓學生通過一場考試並不是我的首要目標。身為教育者，我的良知促使我，在不可避免的學術要求與創意新奇的角色扮演之間，創造細膩的平衡點。我希望自己並沒有讓學生在面對規則繁雜的挑戰時，找不到解決工具，陷入不知所措的境地。不過前提是：學生自己必須具備足夠的動力，而且願意落實他們學到的建議。

我經常為學生修改作文、提供參考範文，教授各種方法，按主題整理相關重點，儘管我難以評斷這些教學方法到底有沒有實質效益；但我所能確定的是，藉由這些教材，我幫助學生在熟悉的領域找到自我定位，並且多少發展自我良知。也許，這就是我學生的成績水平和全體平均值不相上下的原因。既然我所發想的這些輔助教學活動並不會危及學生的成績表現，何不多加應用？我並不認為許多年輕人會受我激發，選擇以哲學為業，更何況這一行的相關職缺已愈來愈少。不過，許多學生顯然對這一年的哲學課留下美好回憶。也許他們在這些別出心裁、有時令人困惑的另類教學活動中，也找到通往真實自我的道路，獲得心靈與精神的養分，並懂得自我省思。這就是我的期望。

17

自戀狂到貢多拉之城一遊

Narcisse au pays des gondoles

在威尼斯的運河水道間，原本清澈的水波早已成了灰濛濛、甚至有時油膩膩的污水。威尼斯共和國難以重拾往日尊貴華麗的風采。混濁的流水夾帶著產業發展與污染的痕跡，數不清的遊客在大街小巷間或總督宮前的河岸流連忘返，或佇足在穿梭河島潟湖間的水上巴士的甲板上。不過，這些都不重要。這一天，我們看到的是一群來到威尼斯的學生，我的同事——音樂老師和造型藝術老師——決定帶領他們親身體驗義大利文藝復興時期的珍貴作品。

雖然流淌於潟湖間的水不復以往的清澈，但自戀的納西瑟斯倒不把這些放在心上。事實上，他的力量日益強大，無遠弗屆，因為科技是他強而有力的幫手。現代的納西瑟斯不再等在波光粼粼的水岸或站在無趣的鏡子前，愛上倒影裡的自己。在此，我向各位隆重介紹「智慧手機先生」。現在，很少人還在乎手機是否有「撥打電話」的功能，但無庸置疑，絕大多數文明的現代人已經無法和手機分離，手機簡直成了一具隆起的義肢，已是身體不可或缺的一部分。人們仰賴手機的程度讓我不禁想像，恐怕不久之後就能把它植入手上而成為真的手機，這樣一來就再也不會因為忘了帶出門或找不到手機而擔心害怕。

你們應該已經猜到，所謂的智慧手機先生就是那些忙著自拍的人！他們的前人雖也逃不過納西瑟斯的魔掌，不過當時只能訴諸別的手段，比如大頭貼自動拍照機；投下幾枚硬幣，大夥兒在快門前擺出各種鬼臉，照片一沖洗出來就會引來一陣哄堂大笑。不過，手機改變了一切，我們只要舉起手就能輕鬆自拍，儘管相機上的廣角鏡頭多少扭曲了人臉比例。

但對人們來說，這顯然一點也不重要。在那些鬼斧神工以沼澤為地基的華美建築下，群聚著不管是學生還是來自世界各國的遊客，個個舉起手，想盡辦法拍下最棒的自拍照；接著立刻把這些自我意識過剩的照片傳送給別人。雖然照片背景是各種變化多端的景色與雄偉的紀念建築，但我們都知道那些背景的存在只是為了烘托前方的人物。當然，要把這些自我中心的照片傳送到世界各地的首要條件，就是老師在訂房時，幸運訂到提供無線上網的飯店。

我無意針對自拍現象做精細而鞭辟入裡的社會學分析。不過，我仍自問它到底象徵了什麼：一張自拍照就像一張帶著藝術色彩的拍立得相片，公然的展示在每條大街小巷。因為拍下自拍照的動機就是渴望展露自我，一回又一回地分享在社群網絡上。自拍照披著純真無邪的外衣，以某種連續暴露狂的方式，說出我們說不出口的事，甚而替我們表達更多。但事實上，自拍照無法和畫在畫布上的自畫像相提並論。一幅

「經典的」自畫像通常以心理研究為基礎，接著在畫布上一層層地堆砌，一步步形成意涵深遠的圖像。但自拍照呈現的只是表象，跟「深度」完全相反。紀・德波（Guy Debord）想必會跟我們說，自拍照的普及象徵了「景觀社會」的終極勝利：我就是我所表現出來的一切，我表現是為了存在。簡而言之，人要衣裝，佛要金裝。我們不斷在 Instagram 或 Snapchat 等相片社群網站上分享照片，而文字漸漸消散。那些富含各種意義、讓語言溝通變得豐富而深刻的文字，帶著它們的奧祕，消失無蹤。大家一起拍照吧，在這些亙古永存、壯麗雄偉的風景前；在這些觀光聖地前，笑一個吧，做個你想讓大家看到的表情。努力以真誠的方式表達自我、與人溝通的風險很高，還不如拍一張照片，這樣簡單多啦！

我帶著我的舊手機（一旦超過六個月就成了「舊手機」，但事實上它不只是舊手機，還是老前輩了），學生以同情的眼神望著它。而我，雖身在壯麗的威尼斯，卻不禁難過地看著這一片手機螢幕搭起的汪洋。我平時雖住在鄉村農莊，但家裡電力順暢，也會在餵雞之餘連上網路瞧瞧。但我承認自己不大熱衷於都市活動，也對都市的各種狂熱不感興趣。在那兒，生活步調比較快彷彿就代表過得比較充實；想必這就是我沒跟上腳步的原因。

我現在才發現一項對自拍愛好者來說，不可或缺的配件，也就是「自拍棒」。自拍棒也許讓那個泰國發明者大賺一筆，但恐怕無法持續暢銷，因為另一個耀眼的競爭者已經華麗登場——無人空拍機。這台休閒用的迷你無人飛行器也可以用來自拍。總之，此時的威尼斯正值春初，而自拍棒就像迎春盛開的花兒一樣，在大街小巷、每隻手臂上搖曳生姿。現代的納西瑟斯呀，已失去同名水仙花的優雅與芬芳。智慧手機以神奇的自拍棒為支架，幫助人們盡情自拍直到天黑地暗，忙著在矽晶圓晶片上儲存欠缺靈魂的圖像，盲目地相信只要有一長串的自拍照，就是存在的證明。

這一片數量眾多又五彩繽紛的自拍棒，隨著每個人的舉放手勢，在鑽動的人頭上方擺盪搖曳，此時誰還會注意到聖馬可廣場上從垃圾桶翻找食物充饑的流浪漢？他找到的正是飯店為學生們野餐所準備、卻被他們嫌棄而隨意丟進垃圾筒的三明治。誰拍下那些欠缺資金、無法翻修的老舊建物上的裂痕？誰又在乎那些數量繁多、毫無特色又浮誇的洛可可磁鐵到底來自哪裡？是否出自一雙雙飽受剝削的小手？他們忙碌製造，是否只為了我們可悲膚淺的存在？

我原本該沉醉於威尼斯共和國的風采裡，但我沒有從威尼斯帶走任何東西，沒有照片，沒有自拍棒，也沒有塑膠製的貢多拉模型紀念品。我只帶走落在心上的幾滴淚水，並更加確定一件事：就算今天教育這艘鐵達尼號即將沉沒於汪洋之中，我也絕不會轉頭離開。我會一次又一次，從眼前的這群年輕人著手；我會和他們一起學習，為他們賣命工作，使他們瞭解存在與表相間的關係，讓他們能夠花點時間放下自拍棒，想想什麼才是重要的事。當一學年已近尾聲，威尼斯的潟湖剛在濃霧中消逝，我再次打開我的哲學魔法袋，裡面已經裝了幾個值得探討的主題：

「存在或表相，好個大哉問……」

盧梭在其著作《一個孤獨漫步者的遐想》（*Les Rêveries du promeneur solitaire*）中提到：「每個人都寄內在於外表。」外在表現是交流人際關係、彼此欣賞的一種方式，也因此我們常常混淆了表相與真實。蘇格拉底也這麼說：「當個正人君子，但不求外露，才是通往榮耀的正途。」

為了進一步瞭解這個主題的二元性，請進行下面的活動，當作家庭作業：你得選擇或自行製作一件和自己近似的物品，它象徵你個人本質的某個根本面向。因為你們必須帶這件物品到學校，它的大小必須適中。再選擇一個你覺得和自己相去甚遠的包裝紙或包裝盒，將這件物品包起來。你也可以反其道而行，選擇（或自行製作）一個和自己完全不像的物品，接著用和自己近似的包裝紙或包裝盒裝起來。

除了成品之外，請以文字說明你的選擇原因，以及物品與外包裝象徵的意涵，同時列出在這個歡樂☺」的作業中，心中浮現的問題或遇到的困難，以及最後想到的答案。

也可以做做下面的練習：

「社群網路成癮者？」

關上手機，拆下網路連接器，收起遙控器。同時把耳機拿下來，關掉所有的螢幕。第一天，進行一小時。第二天，進行兩小時。第三天，一整天都這麼做。你發現哪些變化？你認為自己依然以同樣的方式說話、思考、歌唱嗎？如果突然的寂靜讓你心神不寧，想想原因為何？網路、電子郵件和手機簡訊下藏了什麼？你是否會像哲學家帕斯卡一樣地說：人若不知如何在斗室中安然獨處，他就是世上最不幸的人？說不定，你會覺得這是有趣的體驗，一個人獨力只做一件事，品嚐一道菜，讀一會兒書，整理一下你的房間。或者大膽一點，去按鄰居的門鈴，面對面直接與她（或他，看開門的人是女是男）溝通對話。

回到作文這件事上。只要看到學生寫下一句深具啟發的句子，就足以使我再次下定決心，在這條思想之道上，騎著輕型摩托車勇往直前。

結論？

Conclusion ?

「促進哲學教育研究協會」（L'Acireph）已成立了十五年之久，在其《哲學教育宣言》（*Manifeste pour l'enseignement de la philosophie*）中[☆20]，明列了其多年相關研究得出的重點。我並無意在此引述全文來總結我的各種省思，事實上，它的內容平淡，不夠切合現實，但仍有些觀點吸引了我的目光，摘錄如下：

「高中哲學教育失靈了。雖然現今，高中哲學教育在社會上愈來愈受重視，而且達到前所未有的普及率，但哲學的角色也從未像現在一樣如此模糊曖昧。哲學的生命力與其創新力一直被削弱，學校的哲學教育愈來愈腐敗。……

國高中的哲學老師愈來愈孤立，他們欠缺共識，也沒有一起反思的習慣，更欠缺適宜的機制來交換教學心得與方法。每個老師都孤獨地面對學生，必須自行面對教學失敗、解決教學需求，當他採取新穎的方式上課時，也無人支持，更不會有人接棒繼續。

至今，哲學老師的培育過程依然全以理論為基礎。更糟的是，專業教育的經驗與研究往往不受歡迎。若有人表達這方面的需求，立刻被其他人懷疑他過度偏重教學技巧或形式，其哲學靈魂早已迷失。只因他可能不是厲害的哲學家，人們就批評他無法當一個稱職的哲學老師。……

若我們無法集結眾人之力，重新檢視過去數十年來左右哲學教育的既定成見，並面對現實，瞭解哲學教育正一步步作繭自縛、抗拒新發展，我們就無法逃離哲學教學的困境。這並不代表要建立一個新教學準則，而是打破隔閡，鼓勵老師間的對話，自由的發揮創意。

最重要的是，發展一個供人討論、反思的空間，尊重每個人的經驗，接受多元化的教學方法，而不再認為這是打擊哲學與教育的邪門歪道。讓每個老師都能自在地發表意見，發展既生動活潑又激勵人心，且富建設性的哲學教育。」

如果不提這段摘錄文字發表的日期，我們恐怕毫不懷疑這精準點出了現在的困境。事實上這是寫於十五年前的宣言。悲哀的是，日復一日，我都更加深刻地體會到本文所言不虛，連古代蘇格拉底的弟子都難以翻轉人們長久累積的行事習慣與陳見。不過，哲學並不是唯一一門陷入惡性循環的學科。我還記得已故的尼米埃[☆21]或史黛拉・巴若克（Stella Baruk）[☆22]的著作，兩位都是無與倫比的數學家，更是卓越的教育者。他們試圖揭露教授數學四十年來遇到的種種難題。聽著同事的心聲，收集學生各種彼此衝突的反應感受，我不得不說，迫在眉睫的教學改革根本停滯不前。

教學改革不如一般人所想，其實不需要新的科技工具來輔助。事實上，最重要的是喚醒每個人心中樂於發掘各方面的新知、新思想的能力，鼓勵身體力行，全心全意投入。更何況社會與經濟環境隨時都在傷害我們的身心，發展這些能力實為當務之急。

我不會妄想自己對哲學教育改革帶來劃時代的巨大貢獻。但從鼓勵老師間發展有效對話、勇於實驗的角度來說，我希望自己多少施了一點力。我只希望為那些有心人打開一扇通往課堂的門，就像邀請大家與我一起搭上不確定方向的船隻一般，也許要在風浪中顛簸前進，就像梅洛—龐蒂（Merleau-Ponty）寫的「哲學是個瘸子」一樣，但他也說過，哲學家蹣跚前行是美德（claudication du philosophe est sa vertu）。在此竭誠歡迎跛行於哲學之道的瘸子們與其他所有的人，與我一起走過這條存在之徑！

☆20作者註：「促進哲學教育研究協會」的成員都是哲學教師。多年來，哲學教育的建構一直不夠實際，讓老師難以施展，面對愈來愈惡劣的教學環境，此協會於一九九八年建立，其主旨為反省法國高中的哲學教育，並提出改善建議。請參考網站：http://www.acireph.org/

☆21 作者註：雅克斯．尼米埃的職業生涯十分獨特，如他自己形容的：「我原是懶散又有閱讀障礙的學生。」他探討評分制度與學生的關係、學生上課的態度，以及他本身在學生學習數學過程的角色。尼米埃在師生關係中，著重從心理學角度來分析，而他得出的結論是，建立一個同時考量學生個性和老師創意且更實用的教學方式。他的網站非常受歡迎，提供許多主題式的資料，並列有豐富的參考書目。他的著作繁多，包括：《數學與感性：探討成功與失敗》（*Mathématiques et affectivité: une explication des échecs et des réussites*），《數學的情感模式：態度與表現》（*Les Modes de relations aux mathématiques : attitudes et représentations*），《給教師的一場心理學課》（*La Formation psychologique des enseignants*），以及《討厭數學的卡蜜兒和愛好數學的里歐》（*Camille a la haine et... Léo adore les maths*）。

☆22 作者註：法國數學教學研究者史黛拉．巴若克在其著作中，批判學校機構對於無法考過數學考試的學生冷漠以對。巴若克認為，欠缺意義的數學活動是造成這種情況的主因。藉由以學生的基本知識為基礎，和學生一起分析其錯誤，讓學生有機會表達他們對數學的理解，並對數學活動有更清楚的認識，這樣才能幫助學生在學校進步、避免被當。糾正錯誤也是活用學問的過程。基於這樣的概念，巴若克反對所謂「分數的執念」，並抨擊學生被當掉時，所面對的惡意與無用的責備。學生為了避免受傷，反而更不願展露他們的智識能力。

致謝辭

眾所皆知，一本書雖由雙手寫成，但也必須仰賴眾多熱情人士直接或間接的參與、切題中肯的評語、和許多幽默感，才能順利出版。

對這些熱忱的人們，我在此致上真誠的感謝。另外我要特別感謝數位多年來陪伴在我身邊，時時為我帶來精神養分的人士：一定得感謝親愛的喬艾兒，還有艾瑞克、奧荷麗、托馬和朱利安，你們毫無怨言地支持我各種不按牌理出牌的狂想，就算我另闢蹊徑，走上一條佈滿樅樹與紙莎草的道路。感謝西薇，我實在虧欠妳太多。還有杜，雖然你可能並不知道我多麼感謝你。還要誠摯感謝布麗姬特，我也得感謝第一批幫我看稿的讀者，尤其是米雪兒。同時感謝在網路上大方分享教學心得與經驗談的教育界同仁們，特別是法國新教育協會與促進哲學教育研究協會，及其他相關組織。最後，再次感謝所有在求學生涯之中，與我的教學之路交錯的年輕人，是你們促使我一次又一次重新省思教育制度的合理性。

參考書目

《螢幕上的哲學》（*Philosophie de l'écran*），薇拉芮・夏洛爾（Valérie Charolles）著，Fayard, 2013。成千上萬的螢幕佔據了你我的世界，如今時空的疆界、商業與非商業、公眾與隱私的疆界，都已重新定義。為了掌握方向，我們需要新的「方法論」，可以這本書提到的一些重點為基礎。

《全能哲學家》（*Philosopher, tous capables !*），新教育法國協會的哲學部門合著，Chroniques Sociales, 2005。讓學生更容易認識哲學。創造新的教學方法，找出哲學思考的樂趣，發掘思緒中的意外之境。亦可參閱《哲學實務》（*Pratiques de la philosophie*）雜誌。

《地鐵哲學家》（*Les Philosophes dans le métro*），魯克・德布拉班迪爾（Luc de Brabandere）著，Le Pommier, 2014。本書結合哲學史與創意，引領我們喜悅的在十四條

巴黎地鐵線上穿梭。警告：你會遇上許多哲學圈的「局外人」……。

《大腦與閱讀》（*Les Neurones de la lecture*）與《數學之感》（*La Bosse des maths*），史丹尼拉斯・德漢（Stanislas Dehaene）著，Odile Jacob, 2007 et 2010。這兩本書有助於瞭解計算機制，以及理解為何我們從猿猴祖先繼承的腦，原本並不具備閱讀功能，而是藉由為大腦不同區塊重新分派任務來學會閱讀。

《大智若愚》（*Fous comme des sages*），羅傑—波爾・德洛瓦（Belin, coll）著，Le Seuil, 2002。有益於初識哲學者的入門書。其中重新解讀一些經典文本，讓我們瞭解到哲學思考起於享受生命，而不是把事物抽象概念化。

《學習！》（*Apprendre!*），《辯論集》（*Débats*）系列叢書 ，Belin, 1998。與《為孩子建另一所學校？》（*Une autre école pour nos enfants ?* ），吉爾丹（André Giordan）著，Delagrave, 2002。學習是複雜過程，常常引發內心的衝突。學習代表顛覆我們腦中的既有觀念。本書提到許多加強學習和發展「質疑文化」的建議。

《快思慢想》（*Thinking, Fast and Slow*），丹尼爾・康納曼（Daniel Kahneman）著，Flammarion,《論文集》（*Essais*）系列叢書，2012。本書引人入勝，適合勇於嘗試的讀者。快思指的是直覺，慢想指的是比較有理性、受控制的思考，但也常受各種效應左右。看完後，不妨繼續讀讀理查・塞勒和凱斯・桑斯坦所著的《推力》（*Nudge*）Livre de Poche, 2012。或可將傾斜的天秤往中間平衡一下。

《我的記憶在哪裡？》（*Mais où est donc... ma mémoire?* ），阿蘭・利厄里（Alain Lieury）著，Dunod, 2005。

《動機與學業成就》（*Motivation et réussite scolaire*），阿蘭・利厄里（Alain Lieury）與法比安・芬諾葉（Fabien Fenouillet ）合著。Dunod, 2013。

《簡報集》（*Les Topos*）系列叢書中的〈教育的認知心理學〉篇（*Psychologie cognitive de l'éducation*），阿蘭・利厄里與芬妮・德拉耶（Fanny de La Haye）合著，

Dunod, 2013。阿蘭・利厄里是記憶學界的法國權威。

《大腦當家：12個讓大腦靈活的守則，工作學習都輕鬆有效率》（*Brain Rules: 12 Principles for Surviving and Thriving at Work, Home, and School*），約翰・梅迪那（John Medina）著，Leduc. S, 2014。本書幫助我們善加利用大腦的各種功能。我們必須不停動腦，不要耗費心力在無趣的事情上，需要尋思探索，大腦才能活絡。當前的研究指出，現今的教育系統正好與大腦最佳運作方式反其道而行。

《情緒能力》（*Les Compétences émotionnelles*），莫以拉・米可拉捷卡（Moïra Mikolajczak）與數名學者合著。Dunod, 2014。本書集針對情緒能力的專業教學法準則之大成，包含情緒能力的運作方式，及神經學與歷史相關的基礎概念。本書提到的教學法適用於各種年齡。

《未來教育七大需知》（*Les 7 savoirs nécessaires à l'éducation du futur*），艾德嘉・莫杭（Edgar Morin）著，Le Seuil, 2000。我們眼前面對的是一個嶄新的世界，為了因

應未來的改變，必須在學校發展長久以來被漠視的主題，如針對腦部特性與心理特質的研究，全球觀，個人與群體的團隊合作感，人性的複雜，及難以預知的不確定性等等，面對意外的心理準備，致力研究為何無法產生良好理解力與同理心的心理機制。

《國高中的寓教於樂之道》（*Jouer en classe au collège et au lycée*），多明尼克・納塔森（Dominique Natanson）與馬克・貝圖（Marc Berthou）著，Fabert, 2013。把玩樂完美結合於教學之中，乍看之下似乎難以實現，但這對學習與提升學習動機來說，不可或缺。本書提出各種可適時調整的實例，不但能激勵學生，又很有建設性。

《教育者的心理訓練》（*La Formation psychologique des enseignants*），傑克・尼米埃（Jacques Nimier）著，ESF, 1996。在現在的學校裡，老師的傾聽能力已和教學解說能力同樣重要，但傾聽是一種必須學習才能獲得的能力。請參見作者網站上，針對傾聽而設計的問卷。

《道德可以建立嗎？》（*L'Influence de l'odeur des croissants chauds sur la bonté hu-*

maine），胡文・歐江（Ruwen Ogien）著，Grasset, 2011。本書以生動有趣的方式配合當代研究來辯論道德。

《長沙發上的哲學家》（*Les Philosophes sur le divan*），沙爾・貝班（Charles Pépin）著，J'ai lu, 2008。本書的參考書目包括了柏拉圖、康德和沙特，以及佛洛依德的心理分析。只要一張長沙發，你就會從凡人搖身一變為哲學家。

《我是誰？》（*Wer Bin Ich? und wenn ja, wie viele?*），理察・大衛・普列希特（Richard David Precht）著，Belfond, 2010。本書重新評論康德的詰問，從作者本人與哲學家的各種軼事，到科學數據（特別是神經生物學）。沒有虛偽言論，只有不落俗套的幽默。也可讀讀同一位作者的《無私的藝術》（*L'art de ne pas être un égoïste*），Belfond, 2012。本書深入探討道德概念。

《學習障礙的孩子》（*Enfants en difficulté d'apprentissage*），蓋文・理德（Gavin Reid）著，De Boeck Supérieur, 2010。本書提出適合多種情境的學習方法，適用於有

學習困難或一般孩童。

《當尼采哭泣》（*When Nietzsche Wept*），爾文・亞隆（Irvin Yalom）著，Le Livre de Poche, 2010。作者結合虛構、哲學與心理治療，寫下生動的小說，為哲學史帶來截然不同的啟發。本書結尾附上相關論述依據解說列表。作者還有其他以類似手法完成的著作。

《教師：有待革新的職業》（*Enseignant: un métier à réinventer*），尚—米歇・札卡修克（Jean-Michel Zakhartchouk），Yves Michel,《社會角色》（*Acteurs sociaux*）系列叢書，2002。

《更公正有效的評分制度》（*L'évaluation, plus juste et plus efficace*），尚—米歇・札卡修克與芙羅杭斯・卡斯汀可（Florence Castincaud）合著，Canope,《謀定後動》（*Repères pour agir*）系列叢書，2014。以上兩本書都非常實用、富有建設性，是有助學生學習的工具書。

國家圖書館出版品預行編目資料

柏拉圖和笛卡兒的日常：法國資深哲學教師的 17 堂思辨課 / 愛蓮娜．派基納 (Hélène Péquignat) 著；洪夏天譯 . -- 初版 . -- 臺北市：商周出版：家庭傳媒城邦分公司發行 , 2018.03
面； 公分 . --(商周教育館；14)
譯自：Platon et Descartes passent le bac : carnet de bord d'une prof de philo
ISBN 978-986-477-415-9(平裝)

1. 哲學 2. 思考

100 107001972

商周教育館14

柏拉圖和笛卡兒的日常：法國資深哲學教師的17堂思辨課

作　　者／愛蓮娜．派基納Hélène Péquignat
譯　　者／洪夏天
企劃選書／羅珮芳
協力編輯／陳青嬬
責任編輯／彭子宸

版　　權／黃淑敏、吳亭儀、劉鎔慈
行銷業務／周佑潔、黃崇華、張媖茜
總 編 輯／黃靖卉
總 經 理／彭之琬
事業群總經理／黃淑貞
發 行 人／何飛鵬
法律顧問／元禾法律事務所 王子文律師
出　　版／商周出版
台北市104民生東路二段141號9樓
電話：(02) 25007008 傳真：(02)25007759
E-mail：bwp.service@cite.com.tw
Blog：http://bwp25007008.pixnet.net/blog
發　　行／英屬蓋曼群島商家庭傳媒股份有限公司 城邦分公司
台北市中山區民生東路二段141號2樓
書虫客服服務專線：02-25007718；25007719
服務時間：週一至週五上午09:30-12:00；下午13:30-17:00
24小時傳真專線：02-25001990；25001991
劃撥帳號：19863813；戶名：書虫股份有限公司
讀者服務信箱：service@readingclub.com.tw
城邦讀書花園：www.cite.com.tw
香港發行所／城邦(香港)出版集團有限公司
香港灣仔駱克道193號東超商業中心1樓；E-mail：hkcite@biznetvigator.com
電話：(852) 25086231 傳真：(852) 25789337
馬新發行所／城邦(馬新)出版集團 Cite (M) Sdn. Bhd.
41, Jalan Radin Anum, Bandar Baru Sri Petaling,
57000 Kuala Lumpur, Malaysia.
Tel: (603) 90578822 Fax: (603) 90576622 Email: cite@cite.com.my

封面設計／王俐淳
排　　版／極翔企業有限公司
印　　刷／中原造像股份有限公司
經 銷 商／聯合發行股份有限公司
電話:(02)2917-8022 傳真（02）2911-0053
地址:新北市231新店區寶橋路235巷6弄6號2樓

■2018年3月06日初版一刷 ■2021年8月09日初版3刷 Printed in Taiwan
定價270元

Cet ouvrage, publié dans le cadre du Programme d' Aide à la Publication «Hu Pinching», bénéficie du soutien du Bureau Français de Taipei. 本書獲法國在台協會《胡品清出版補助計劃》支持出版。

 ISBN 978-986-477-415-9